怖い村の話

監修 都市ボーイズ

宝島社

はじめに

我々「都市ボーイズ」は、オカルトや都市伝説、怪談などを収集し、それを初心者でも楽しめるように発信していく〝怪奇ユニット〟です。
世の中的には、オカルトや都市伝説といったジャンルはマニアックなものと思われがちです。しかし、本来は誰でも不思議なものに興味があるはずなんです。ただ、自分で調べてまでして知りたいという熱量を持った人は少ない。そんな人たちに、オカルトや都市伝説の背筋が凍るような恐怖、知的好奇心をくすぐる面白さを、エンタメとして楽しんでほしいという気持ちで我々は活動をしています。

本書で取り上げる怖い村、怖い島といった「いわくつきの地」は、恐怖と怪異の詰まった最高のテーマです。そんな「いわくつきの地」は、時代や環境によって捉え方が変わってきます。昔だったら当たり前のことが、現代ではおぞましく見えたり、その地域では普通の風習なのに、他の地域からすると異様な行為とみなされたり。そこに我々は得体の知れない恐怖を感じるのです。

しかし、我々にマイルールがあるように、「いわくつきの地」にもルールや掟があります。そう考えると、奇怪な風習をやみくもに怖がるのではなく、なぜそういった風習があるのかを、あくまで自身の好奇心で探ることが大事だと思うのです。芥川龍之介の『羅生門』じゃないですけど、「六分の恐怖と四分の好奇心」が正しい有り様ではないでしょうか。

また、「いわくつきの地」で興味深いのは、現地で取材をしてみると、その「いわく」自体が実際にはなかった、単なる噂話だった、ということが多いことです。そもそもの「いわく」がないのに心霊スポットになっているんです。ここで不思議なのは、「いわく」がないのにもかかわらず、共通の「偽のいわく」を実際に体験している人が多くいることです。「嘘から出たまこと」が背筋も凍る恐怖を生み出す。こんな不思議な、好奇心をくすぐる現実があるだけでゾクゾクしませんか。

そんな「いわくつきの地」が人を惹(ひ)きつけ続けるのはなぜなのか？　それは、人は誰でも「非日常」を体験したい願望があるからです。さらに「いわくつきの地」は空想ではなく〝現実に存在する場所〟であり、そこで起こった恐怖・怪異は我々にとって「身近な非日常」となります。一歩間違えたら「自分の身に降りかかるかもしれない」のです。この〝距離感〟こそ、我々が「いわくつきの地」

を渇望し続ける理由なのです。

現在、インターネットで検索すれば大抵のことは出てくる時代になりました。しかし、そこには出てこない、体感した人だけが伝えられる生々しい情報があります。まさに本書は、「いわくつきの地」のそんな話が詰め込まれています。しかし、残念なことに、時代の流れや過疎化といった社会状況により、「いわくつきの地」の情報は風化し、年々減少の一途をたどっています。だからこそ、本書を通じて現地の恐ろしい雰囲気を体験してほしいのです。そうすれば、「いわくつきの地」はあなたを通じて後世に残っていく。そう、我々は、本書を手に取ったあなたが、〝語り部〟になることを願っているのです。

都市ボーイズ

目次

第二章 怖い禁忌地帯

第三章　怖い島の話

第四章　怖い奇習

第一章

怖い村の話

12

川崎村

村名に隠された「生け贄の儀式」の秘密

文・沼澤典史

これは5年前の話。当時、私が常連だったバーのマスターは熱心な心霊・オカルトマニアで、バーに行くと常に怖い話をしてくれた。常連客の女性、田沼さん(仮名)も一緒になって聞いていた。いつしか私たち3人は互いの予定が合えば、マスターの誘いで心霊スポットに肝試しに行くようになっていた。

住居のあった岐阜県内だけでなく、隣県のスポットも巡っていたが、大概の場合は期待するような怖い現象は起こらず、「なにもなかったですね」などと言いながら帰るのが常だった。

ただ、私の場合、会社の同期を除けば大人になってからできた友人は、この2人が初めてだったので、特別なことが起きなくても彼らと一緒にいるだけで楽しかった。しかし、ある出来事をきっかけに、私たち3人が会うことはなくなった。

蒸し暑い夏の夜、その日もマスターの提案で夜に県内の心霊スポットにでかけた。いつもどおりマスターが車を出し、運転しながら今回の目的地について話してくれた。

「これから行くのは明治くらいに廃村になった村で、いまでも建物は残っています。噂によると変な叫び声が聞こえるそうです」

その村の名は「川崎村」。これまで聞いた話のなかではとくに興味を引くような心霊スポットではなかったが、私は3人での遠出にいつものように心を躍らせていた。

1時間ほどで車が入れないかなり細い道に行き着いた。ここからは歩いて村を目指すという。

もちろん街灯ひとつなく、草木も荒れ放題。長年、人の手が入っていないことがうかがえた。5分ほど懐中電灯を照らしながら歩いていると、道の両端に腰の高さくらいある四角い石碑のようなものが現れた。どちらにも文字が彫られてあるようだったが、苔（こけ）や風化でかろうじて読み取れたのは「慰」と「碑」という文字だけだった。

「なんだ、『慰霊碑』って書いてあったのかな」

田沼さんがつぶやくと、マスターは「慰霊碑なんて村にはよくあるだろ」と言いながら、どんどん先に向かって行く。

マスターの後ろをついて歩くと十数軒はあろう集落にたどりついた。どの家もびっしりと草が生い茂り、いまにも崩れそうだった。

「これ、血じゃないか？」

私たちは、とりあえず近くの民家に入ってみたが、家電用品の類は見当たらず、かろうじて木の器やろうそくなどが転がっているだけだった。電球などがないことから、本当に明治頃に廃村になった村であることが推測できた。

3軒目の廃屋に入った時に、田沼さんがあるものを見つけた。それはカラカラに干からびたスルメのようなものだった。思えば、その前の建物の中にもあったような気はしていたが、私は枯葉かなにかだろうと思い込み、気にも留めていなかった。

「獣のような臭いがするな」

マスターはスルメのようなものを嗅いでみたが、結局それはなんなのかはわからなかった。

私たちは建物を出て、さらに村の奥の方へ歩いていく。足元を照らしていると、私は道の石に赤黒い斑点がついているのに気づいた。

「石に何かついてますよ」

そう言うと2人も足元を観察し始め、マスターがおもむろに話し出した。

「これ、血じゃないか？」

「そんなはずないでしょう。こんな人気のない場所に血なんて。しかも、血だとしたら最近ついたことになるじゃないですか」

私がそう答えた瞬間、田沼さんは足元を照らしながら震えた声で言った。

「この斑点、ずっと向こうまで続いてる……」

すぐに私とマスターは田沼さんが示す方向を懐中電灯で照らした。そこにはおよそ30センチ間隔でつけられた赤い斑点が道にあった。

マスターは「たどってみよう」と言いながら、斑点がある方向に道を進んで行く。私と田沼さんもしぶしぶマスターについていった。血のようなものは、まだ乾ききっておらず、ついさっきついたものだとこの時私たちは気づいた。

「怪我した鳥が飛んでったんじゃないですか」

私なりの考察を話した時、突然マスターは歩みを止めた。

「どうしたんですか」

「あの家、明かりがついてるぞ」

たしかに20メートルほど先の小屋からは明かりが漏れている。

「誰かいるんですかね」

「ちょっと近づいて確認してみよう」

人間とは不思議なものでこの状況でも恐怖心よりも好奇心が勝ってしまう。マスターのあとに続いて小屋まで進むと、何やら中から低いつぶやき声が聞こえる。恐る恐る中を覗くと、そこにはこの世のものとは思えない光景が広がっていた。

老婆が手に持つ肌色の物体

小屋の広さは10畳ほど。部屋の四隅にはろうそくと盛り塩があり、さらに犬、豚、牛、鶏の頭部が置かれていた。部屋の中央には祭壇のような棚があり、酒や榊、米が並べられている。そして、部屋の中の壁一面は筆で殴り書きされ、判別できない文字で埋め尽くされていた。

さらに驚愕だったのは空間の真ん中に長い白髪の老婆と思しき人物がぼろぼろの着物姿でひざまずいていたことだ。老婆は祭壇に向かって低い声で何かをつぶやいている。何を唱えているかはまったく聞き取れず、それが日本語なのかさえわからなかった。ただ、その呪文が妙に心地よく感じられ、ほかの2人も耳を傾け、目を細めて老婆の様子を見ていた。

呪文を唱え続けながら老婆は脇にあった麻袋から何かを取り出した。老婆が手に持つぺらぺらの肌色の物体には、よく見ると一部に毛のようなものがついており、その下には2つの穴が空いていた。

多分、それは人間だった。いや、正確には人間の皮だった。まだ剝いだばかりなのか、血が付着しており、裏側には肉のようなものが張りついている。

その瞬間「きゃあああ」と田沼さんが悲鳴をあげた。

私たちに気づいた老婆は、首をぐるりと回して振り向くと「見たなあああああ」と真っ黒い目でこちらを睨み、「ヤバい！」と思った瞬間、四つん這いで獣のように追いかけてきた。老婆の顔はこの世のすべてを憎むかのように苦々しい表情をしていた。

私たちは老婆の言葉にならない叫び声を聞きながら一心不乱に来た道を戻り、車まで一気に逃げた。遠くでは何かのうめき声に近い遠吠えが聞こえたが、おそらくそれは老婆のものだろう。息も整わないうちに無言で車に乗り、車内では一言も交わさず私たちはバーに戻った。そして、それぞれ軽い挨拶をして帰った。

次の日から私は、なんとなくバーに行きづらくなり、通わなくなってしまった。

1週間後、バーは閉店していて、マスターに連絡をしても通じなくなっていた。

風の噂で田舎に帰ったと聞いたが、真相はわからなかった。

それから3カ月くらいたったある日、田沼さんから突然「話がある」と連絡が来た。指定されたファミレスに行くと、田沼さんは「あの村のことを調べたの」と話し始めた。

「あの村は畜産が盛んな村だったらしいの。あの石碑は家畜たちの慰霊碑だったんじゃないかな。家畜の魂を鎮める土着の儀式も行われていたらしく、多分、私たちが見たのはそれだった。儀式には生け贄(にえ)として人間の皮が必要だったみたい。なぜ、いまだにそれが行われているのかはわからないんだけど」

儀式の存在を知る周辺の住人は、その村を「皮裂村(かわさき)」と呼んだという。

田沼さんと会った半年後、川崎村近くの山中で白骨化した死体が発見されたというニュースを見た。どうやら、川崎村周辺では毎年1人か2人、行方不明になる者が出るという。ニュースに映る死体発見現場には、マスターの車と似た車が放置されていた。

容姿の悪い女児を工場送りにする村

◆都市ボーイズ・早瀬康広

差別されていた村というとこんな話もあります。宮城県のある村には明治の時代から大きな工場があり、村人のほとんどはそこに勤めていました。工場主が一帯の大地主であったため、住民は一家から一人は働き手を差し出さないと地域に住めなくなるのです。長男や一人娘など家を継ぐ者は必ず「工場送り」にされました。ただし、家に女児が何人か生まれた場合は、長女、次女などにかかわらず容姿が美しくない娘を勤務させたそうです。鉄鋼関係の工場だったので、顔が鉄クズで汚れたり火花で火傷をしてもいいように、という理由です。美しい一人娘を工場に差し出したくない夫婦は、容姿の悪い女児や長男が生まれるようにと子づくりに励んだといいます。残酷な話ですよね。驚くことに、このしきたりは工場が潰れる1980年代まで残っていたのです。

20

巨頭オ

憎しみにあふれた異形の者たちの集落

文・沼澤典史

「2ちゃんねる」に投稿された伝説的な怪談がある。2006年に投稿されたそれは「巨頭オ」と題され、瞬く間に話題となり、いまやオカルト、怪談好きで知らない者はいないとされる。

「巨頭オ」のあらすじはこうだ。男は数年前に訪れた田舎の旅館をふと思い出した。とても心地よかったもてなしが恋しくなり、さっそく記憶を頼りに現地へと車を走らせた。すると道中、以前だったら「この先○○キロ」と書かれていた看板が、意味のわからない言葉に書き換えられていた。

そこには「巨頭オ」と書かれていた。男は不思議に思ったが、そのまま目的の旅館へと車を走らせた。旅館があった村と思(おぼ)しき場所に着いたが、かつての光景とはまるで異なり、草木が生い茂った廃村状態だった。不審に思っていると伸びきった茂みがガサガサと揺れるのが見える。

何かと思い目をこらすと、そこには頭が異常に巨大な人間のようなものがいた。気がつけば周りにも同じく巨大な頭の人間が大勢いて、両手をぴったりと足につけて、巨大な頭を左右に振りながら気味の悪い動きで追いかけて来ていた。

急いで車をバックさせ、国道まで飛ばすと、そのまま男は家に逃げ帰った。その後、地図で確認したが、その日行った場所は数年前の村と同一地点で間違いなかったという。

この「巨頭オ」の「オ」は「村」の木偏が変化したものではとされ、日本のどこかに「巨頭村」があるのではないかと、オカルト界隈では話題になった。

単なる創作だと、多くの人はこの話を一笑に付すだろう。しかし、似た体験をした人がほかにもいることも事実だ。私が聞いた巨頭村、巨頭人間に関する話を紹介していきたい。

頭が巨大な人間が10人

登山やハイキングが趣味の太田さん（仮名）は、10年前、秋も深まった関東の山に一人ででかけた。天気がよく、絶好の紅葉狩り日和で、景色を見ながら登山をしていた。昼過ぎに頂上付近に到着し、持参した弁当を食べていると、どこからか太鼓の音が聞こえてくる。

それはドンドン、ドンドンと祭りの音頭をとっているかのようなリズムで、太鼓に続いてかすかに笛や鈴の音も聞こえる。

「山の下の町で祭りがあるのかな」と最初は思っていたが、よく耳をすますと、音はそう遠くない山の中から聞こえている。

太田さんは草木をかき分けて音のする方へ向かった。5分ほど歩いた時、木々の間の少し拓けた場所に、ぼろぼろの幕が四角をつくるように張られているのが見えた。それは葬式で使われる黒と白の鯨幕だった。木に張られた幕の内側から、太鼓や笛の音は鳴っていた。

鯨幕と祭りの音色のアンバランスさに興味を惹かれ、太田さんは幕に近づいていく。ちょうど幕と幕の間が空いており、隙間から中を覗けたのだが、目にした光景は異様なものだった。

そこには頭が巨大な人間たちが10人ほどいて、破れた着物をまとい、輪になりながら古びた太鼓や笛を鳴らしていた。輪の中央にも一人いて、何かを天に捧げるように両腕を上げている。その手に持っているのは赤ちゃんのようだったが、その頭も異様な大きさだった。

太田さんは、あまりの光景に動けずにいた。すると、ガサガサと背後から誰かが走って来る音がする。振り返ると幕内にいる者と同じような巨頭の人間が頭を左右に振りながら太田さんに向かって走っている。

顔には深いしわが刻まれ、憎しみにあふれた形相に見えた。そんな近づいて来る巨頭人間を見るや、太田さんは夢中で逃げた。時々、振り返ると手を足にぴったりとつけた不自然な走り方で追ってきているのが見えた。「あんな走り方で、素早く走れるなんて人間じゃない」と太田さんは振り返る。

また、逃げながら見た光景の端には山中に数軒の小屋が見えた。その近くにも巨大な頭の人間が立っていて、じっと太田さんを睨(にら)んでいるようだったという。

そしてやっと山道に出ると、いつのまにか追ってきた巨頭人間はいなくなっていた。太田さんは付近に住む友人にこのことを話したが、彼は巨頭人間について何も知らなかった。

太田さんは、あれからも何度か同じ山に登っているが、音が聞こえたことはそれ以来ないという。

しわだらけで浅黒い肌

次は飲み屋で会った加藤さん（仮名）の話を紹介する。20年前、友人一人とドライブで鹿児島県内を回っていた。あてもなく気の向くままに車を走らせ、金峰山付近にさしかかった時、山中で突然視界が拓け、集落に行き着いたという。10軒ほどの民家、それも時代劇で見るような古い家が点々と建っていた。しかし、見渡しても人の姿はどこにもない。

おかしいなと思い、ゆっくり車を走らせていると、突然、運転席側に建つ民家から人が出てきた。身なりは戦時中のようなカーキ色の服だったが、それは巨大な頭部を持った人間だったという。

目が合った加藤さんはその巨頭人間の顔を「しわだらけで、肌も浅黒く、何歳なのかわからなかった」と語る。驚いた加藤さんは車のアクセルを思い切り踏み、後ろも振り返らずに山を下ったという。

加藤さんたちは街中まで出たあと、一服しようとファミレスに入った。席に着くと友人が小声で話し出した。

「お前、気づかなかったか。逃げている途中、ほとんどの家の中から同じように頭の大きなやつらが俺らをずっと睨んでた。家から出てきたやつも頭を振りながら追いかけてきたし、ほんとに気持ち悪かったよ」

あとで加藤さんが地図を確認しても、そこに集落など存在せず、森林や田んぼが広がっているだけの場所だったという。

「あの村はなんだったのだろう。いまでも山道を走っていると思い出してしまうよ」

加藤さんは最後にそう話し、不思議そうな顔をしていた。

巨頭村に関してはさまざまな説がある。

かつて奇形を患った人々を閉じ込め、彼らが人知れずに集落や文化を形成しているというのだ。独自の文化が根づいているとすれば、太田さんが見たのも彼らなりの儀式だったのだろう。

また、旧日本軍が化学兵器の実験をしており、その影響で生まれた巨頭人間を隔離し、彼らが村を形成したという説もある。人間とは思えない形相や加藤さんが見た彼らの服装、戦争で時が止まっているような村の雰囲気を考えると、その説もありえなくはない。

そんな「巨頭人間」や「巨頭村」は、２０１８年夏にもオカルト好きを賑(にぎ)わせた。ツイッターに「巨頭オ」と書かれた看板を発見したという投稿がされたのである。

〈車で山の中走ってたら獣道と分かれるところで変な看板見つけた
巨頭オ？って書いてるのか？〉

このような文章とともに投稿された写真には、真っ暗な道路の脇に古い木製の看板が写っている。その看板には赤く「巨頭オ」（「オ」は木偏のように細く書かれている）の文字があった。この投稿後、何人かが同じ地点に向かったが、すでに看板はなくなっていて、何者かのいたずらだったという結論に落ち着いてはいる。

しかし、この看板が発見されたのは鹿児島県の金峰山だ。加藤さんが巨頭村に迷い込んだのもこの金峰山付近。これは単なる偶然なのだろうか。

神出鬼没の巨頭村。実際に目撃した人の話を聞くかぎり、巨頭人間は闖入者を快く思っていない。「巨頭オ」の看板を見たら、決してその先に進んではならないことは間違いないだろう。

掘り起こされた「一つ目小僧」の頭蓋骨

◆都市ボーイズ・早瀬康広

奇形については日本でも多くの言い伝えがあります。例えば、神奈川県座間市には「一ツ目小僧地蔵菩薩（ぼさつ）」というお地蔵様が祀（まつ）られています。これは伝説ではなく、実際に一つ目小僧がいたとされています。1932年に墓地建造のために土を掘ったところ、ある頭蓋骨が見つかりました。頭蓋骨は目のくぼみが一つで、なおかつ額にはツノのようなものが2本生えていたそうです。おそらく奇形で生まれた赤ちゃんだと思われますが、頭蓋骨の大きさから幼くして亡くなってしまったことがうかがえます。いまでは掘り起こされた頭蓋骨がどこに埋められたか不明になってしまいましたが、一つ目の子供を供養する意味も込めて、掘り起こされた場所に地蔵が祀られています。

神奈川県座間市にある「一ツ目小僧地蔵菩薩」

旧陸軍研究所で発見された人骨100体

◆都市ボーイズ・岸本 誠

巨頭オの話のような人体実験に関連する場所では新宿区の戸山公園が有名です。1989年に戸山研究庁舎建設現場で100体以上の人骨が見つかりました。発見現場は細菌兵器を研究した旧陸軍の731部隊と関係が深い防疫研究室があった場所でした。兵器開発の過程で実験材料にされた人の遺骨が含まれていると見られていますが、真相はいまだに謎です。人骨発見後、当時の関係者に大規模な調査が行われ、「外国人の薬品漬けの首が送られてきた」など衝撃的な回答があったものの、人骨の謎を解く確信的な情報は出てきませんでした。ただ戸山公園ではいまでも夜中に男性のうめき声を聞いたり、人魂を見たりと心霊現象の報告が絶えません。

双子が生まれやすい村の不思議な水

◆都市ボーイズ・岸本 誠

同じ容姿が多い集落といえば、双子が生まれやすい村が存在します。ある東北の集落では30家中8家に双子が生まれていたのです。親戚同士で濃い血縁関係があるわけでもなく、家も隣だったり離れていたりとバラバラな場所で生まれています。ただ、飲用水を井戸水から水道水に変えるとパタリと双子が生まれなくなった。井戸水は集落ごとに違っていたようで、別の井戸水を使っていた隣の集落では双子は生まれていません。双子が生まれる成分が、そこの集落の井戸水に含まれていたのかもしれません。ちなみに、インドでも双子が生まれやすい集落がいくつかあります。ここも水が関係しているのでは、と私は考えています。

指切り村

自分の〝指を食う〟おぞましい犯罪の地

文・佐藤勇馬

福岡県の中央部に位置する田川郡の大任町(おおとうまち)。戦前は筑豊炭田の産炭地として大いに栄えたが、石炭から石油へのエネルギー転換以降は炭鉱に代わる新たな産業を見出せず、若者の減少によって過疎化と高齢化の一途をたどっている小さな田舎町だ。

かつて町の繁栄を支えていた炭鉱はすべて閉山し、現在は跡地を工業団地として再利用することで再生を目指しているが、それが余計に物悲しい風景を生み出している。寂しい雰囲気がありながらも自然は豊かで、ある意味では「のどか」と表現することもできる。

しかし、実はこの小さな町はネット上で流布される「指切り村」という都市伝説のモデルになったいわくつきの土地だ。

指切り村とは、かつて炭鉱で栄えた九州地方の村を舞台にした都市伝説だ。昭和50年代、村の男性が農作業中に草刈り機で自分の足の指を切断してしまう事故が発生したことからすべては始まった。

草刈り機による切断事故……それ自体はさほど珍しいことではない。しかし、なぜかこれ以降、村で手や足の指を誤って切断してしまう欠損事故が頻発するようになった。

手足の指を失った村人は十数人に及び、尋常ではない頻度で事故は起き続けた。さらに、指だけではなく耳や眼球を失った者まで現れ、隣村の住民たちは「何かの祟りではないか」「呪われているのでは」と口々にはやし立てた。

ところが、あまりの事故の多発に不審を抱いた保険会社が内偵を開始すると、まったく違った事実が浮かび上がってきたのである。

鎌で誤って赤ん坊の首を……

かつて産炭地として活気に満ちていた村は、石炭から石油へのエネルギー転換によって閉山が決まったことで運命が狂った。村の人々には国や公団から多額の一時金が支払われ、それに加えて炭鉱夫として働いている者がいる世帯には鉱山会社からの退職金も舞い込んだ。「一生遊んで暮らせる」と錯覚するほどの額で、実際に大金を手にした村人は新たな職に就くこともなく遊びほうける者が少なくなかった。豪華な家を新築したり、自宅に芸者を呼んでどんちゃん騒ぎをしたり、家族でハワイ旅行をしたり……と、ひたすら散財の毎日となった。

当然、いくら大金があったとしても、働きもせずに贅沢（ぜいたく）ざんまいを続けていればお金は尽きてくる。しかし、汗水流して真面目に働いていた頃に戻れるはずもなく、彼らは手っ取り早く大金を手にする方法を考えだした。

その方法とは、保険金詐欺である。村人たちは、保険金目当てに故意に自らの手足の指を切り落としていたのだ。保険会社がこれを突き止め、詐欺罪で告発する準備を進めていた矢先、村人の一人から電話が入る。

「農作業中に鎌で誤って赤ん坊の首を……」

自らの指だけなく、赤ん坊まで保険金目当てに……。この一件で同じく内偵を進めていた警察がついに動き出し、村人たちは保険金詐欺、犯罪幇助（ほうじょ）、そして乳児殺害の罪で一斉逮捕された。お金欲しさに人の道を外れていった村人たち。これが「指切り村」と呼ばれる都市伝説の内容だ。

そのモデルとなったのが大任町。往々にして、都市伝説は大げさに誇張されているもので、小さな田舎町でそのような事件が起こったようには思えない。

しかし、大任町では都市伝説の内容に匹敵する事件が実際に起きていたのだ。1982年9月、読売新聞に「自分の指切り保険金搾取」「主婦ら32人も逮捕」という見出しの事件記事が掲載された。当時の記事は「福岡県田川地方で、自分の指を切って傷害保険を搾取する事件が続発している」と伝えており、さらに「この事件で田川郡大任町●●●●、町水道係長・Aを詐欺容疑で逮捕、町役場を捜索した」と報じている。

警察の調べによると、Aは役場の水道機材倉庫で棚をつくっている最中、斧で故意に自らの左手の人差し指を第二関節から切断。地方公務員災害補償基金から障害補償一時金などとして数百万円、県農業共済から後遺障害共済金などとして数十万円をだまし取ったとされている。

当時、田川地方では数年前から「指切り事故」が多発し、次々に障害保険金の支払いが続いたために警察が捜査に着手。暴力団員、金融業者、主婦など32人が詐欺容疑で逮捕され、町水道係長まで逮捕されるに至ったのだ。

いずれもバクチの借金などの遊興費に困っての犯行で、暴力団員や金融業者が方法を「指南」していたとみられ、借金返済の催促や指切りを勧告する役、指の切断を実行する役など組織的な役割分担があったと報じられている。記事には「自分の〝指を食う〟おぞましい犯罪」というおどろおどろしい文言も躍っており、この事件が「指切り村伝説」へと変化し、保険金殺人を題材にした1997年発表の小説『黒い家』（貴志祐介）に登場する「指狩り族」のモデルにもなったとされている。

指のない人のよさそうな老人

大任町では、これ以降も1986年に当時の町長が役所の町長室に乱入してきた男に射殺される事件が発生。さらに、2002年に当時の町議会議長が銃撃されて負傷し、その翌年に本人が護身用に拳銃を持っていたとして逮捕される。同年、最多得票でトップ当選した町議が、九州・中国地方で活動していた大規模な自動車窃盗グループの一味として逮捕されるという信じがたい事件も起きた。町議ら町政の関係者が立て続けに失踪したと伝えられたこともあり、人口5000人ほどの小さな田舎町とは思えないほどの「事件史」を有している。

2年前、私は都市伝説のモデルとなったこの町を実際に訪れた。「指切り事件」は過去のことだとしても、近年まで物騒な事件が相次いでいる同町にオカルトマニアとして興味を抱いたのだ。しかし、現在の大任町は広大な菜の花畑を有する花公園や、町に流れる彦山川に自生するしじみを町の象徴にしており、のどかな農村といった雰囲気だった。町内に電車は走っておらず、町民の足は自家用車とバスだけ。高齢化が進んでおり、町で出会う人の多くは老人だった。車で町の名所などを巡ってみたものの、どこに行ってものんびりとした時間が流れ、とても数々の事件が起きた「物騒な町」とは思えない。私は気持ちを切り替え、オカルト目的ではなくリフレッシュのための観光に来たつもりで「地元のグルメでも」と道の駅にあるラーメン屋を訪れた。

名物の「しじみラーメン」に舌鼓を打って一息ついていると、隣の席に笑いジワの目立つ柔和そうな高齢男性が座った。年齢は70歳くらい。昔の事件を知っているかもと思い、話しかけようとした私は一瞬固まった。この老人の左手の人差し指は第二関節から先がなかったのだ。

こんな人のよさそうな老人が指狩り族？　それともただの事故？　のどかに見える町の裏側と凄絶な歴史を垣間見た気がした私は、静かにこの土地をあとにした。

足の裏に米粒の刺青を彫る習わしの村

◆都市ボーイズ・早瀬康広

村人が手足を傷つける村はほかにもあります。その話を聞かせてくれた人の祖母は、場所は言えませんが、ある小さな集落に暮らしていました。その集落は食糧不足が頻繁に起こり、栄養失調で亡くなる子供も多かった。そこで村では「幸運を踏みつけて逃さない」という意味で足の裏に米粒の刺青を彫る習わしができたのです。しかし、当時は彫る器具が衛生的でなかったため足が膿んで亡くなる人もいました。幼かった祖母も本来なら刺青を彫らなければなりませんでしたが、母親のはからいで毎日、足の裏に米粒大の墨を塗って他人の目をごまかしていた。それから数十年後、祖母の娘2人と孫、ひ孫には、かつて祖母が墨を塗った足の裏の同じ場所に全員ホクロがあるのです。なんとも不思議な話ですね。

嶽集落

お地蔵様の〝さわり〟で神隠しにあう廃村

文・沼澤典史

大学時代、ゲーム好きという共通点があった私と木村（仮名）、橘（仮名）の3人は暇さえあれば一緒に遊んでいた。授業がある日は誰かの家に行き、ゲームをしたり映画を観たりしていたのだが、まとまった休みにはゲームの舞台となった土地に旅行に行く、いわゆる聖地巡礼をしていた。

私たちは大学2年の夏休みに埼玉県の秩父にある嶽(たけ)集落（旧・浦山村）を訪れた。ここは昭和後半に廃村となった集落。その後、2003年に発売された「サイレン」というホラーゲームの舞台になった場所だ。グロテスクな表現と村の不気味な雰囲気が特徴的で、私たちはもちろん、いまでも多くのファンがいる作品である。

その日は、ゲームの世界観に浸ろうと、私たちは日が暮れた時間に車で嶽集落付近に到着した。辺りは街灯もなく真っ暗で懐中電灯を頼りに山中の坂道を歩いて登り、嶽集落を目指した。

坂道を10分ほど登ると、左手にぼんやりと社（やしろ）が見え、近づくとそこには6体の地蔵が祀（まつ）られていた。古くからあるのか、所々、苔（こけ）が生え、赤い前掛けも色落ちしているのがわかる。

闇夜に浮かぶ地蔵に寒気を覚えていると木村が「おい、これ見ろよ」と社の側の立て看板に懐中電灯を向けた。その看板には紙が貼られ、ワードで作成したと思われる文字でこう書かれていた。

〈ここに昔からいたお地蔵様が行方不明になりました。昔からあったお地蔵様で、馬頭様のそばに一つだけあった大きなお地蔵様です。（中略）この大きな一つのお地蔵様には昔からいわれがあって、手を付けると怖いお地蔵様です。いままで嶽部落は何もありませんでしたが、そのさわり（悪い影響）で（平成）25年8月に嶽部落が大火事になったのかもしれません。また、災難があると困るので、「お地蔵様」是非、元の場所へ帰ってきてください。お願いします〉

「熱い、熱い、熱い！」

「ここに来る前に下調べしてたんだけど、集落が大火事になった原因として、焼身自殺を試みた男が空き家に火を放ったたってニュースがあったたな。結局、男は怖くなって警察に自首したということだったけど、多分、災難っていうのはそのことをいってるんじゃないか」

木村の発言のあとに、「ここに地蔵があったんだな」と橘が社の横にある石像の足元を照らした。この石像が立て看板にある馬頭様で、たしかにその足元には何かの台座があった。

「結局、人による放火だし、お地蔵様の〝さわり〟で大火災になったなんてあるわけないだろ」

橘は馬鹿にするような口調で言い放ち先に進んだ。私と木村も彼に続いた。

拓けた場所に着くと、そこには倒壊した家屋や蔵、かろうじて原型は保っているものの床が抜けて中には入れそうにない家が10軒ほど並んでいた。まさにゲームの世界にいるような感覚に陥り、私たちはお地蔵様を見た時に覚えた気味の悪さは多少ゆるんでいた。

辺りを散策していると、ぼそっと木村が呟いた。

「なんか見られている感じがしないか。視線を感じるというか。しかも、そこらじゅうから感じる。一人じゃない」

「そんなの気のせいだろ。俺は何も感じない。お前もそうだよな」

橋が私に同意を求めた。「俺も感じないな」と言おうと思った瞬間、耳元で「はあ、はあ」という男の苦しそうな息遣いが聞こえた。

「うわあ！」

私は思わず声を出してしまった。

「ごめん、誰かの息遣いが聞こえた気がして」

「脅かすなよ。それも風の音だろ、気のせいだって」

橋の発言に間髪入れず木村がいまにも泣きそうな声で言う。

「絶対に気のせいじゃない。家の中や瓦礫の隙間、あらゆるところから視線を感じる。もう早く帰ろう」

木村の混乱ぶりを見て、強気だった橋も「そうだな、暑くなってきたし帰るか」と帰り道を目指した。「こんなに気味が悪くて、しかも山の中なのに暑いなんて」と私は思ったが、一刻も早くこの場を去りたかったので、木村の肩を抱いて橋のあとについていった。

しかし、すぐに橘の様子がおかしくなった。しきりに汗をぬぐい始めたのだ。私と木村は不気味さに震えさえしているのに。

やがて橘は「熱い、体が熱い」とうずくまってしまった。「大丈夫か」と橘の背中をさすったが、彼の体は火のように熱くなっている。

「熱い、熱い、熱い！」と橘は繰り返すばかりで、何を聞いても返答しない。木村も「誰か見てる、そこらじゅうにいる……」とブルブル震えていて立ち上がれそうになかった。

その時気づいたのだが、辺りは真っ白い霧に包まれていた。もはや、帰りの方向もわからないくらいの濃い霧だった。慌ててライトで照らし帰り道を探ろうとしたところ、光の先に大勢の人影が見えた。私たちの周りをぐるりと囲むように黒い人影がたしかにある。それと同時にさっきよりも大きい「はあ、はあ」という、しかも10人以上の息遣いが聞こえた。

混乱した私は近くにいた木村を無理やり立たせ、無我夢中で山をくだった。どうやって降りたのかさえ覚えていないが、ようやく車までたどり着き、木村を押し込めて、橘の携帯に電話した。

4回目にしてようやくつながったが、橘は返事がなく、ただザザッという何かがこすれる音がするだけだった。霧も晴れてきたので、車内に木村を置いたまま、私は橘を探しに行くことにした。

「おーい！　橘！」

何度、呼びかけても橘の返事はない。私たちがいたと思われる地点まで行ったが、橘の姿はなかった。一人で移動したのかと思い、その周辺を見渡したが、まったく人の気配はない。大勢の人影も、あの嫌な息遣いもない。やがて、気を張っていた私もその場所にいるのが恐ろしくなり、急いで車に戻ると、警察に電話した。

30分後、警察がやってきて、僕はいままでのことを一通り話した。何か嫌味を言われた気がするがもう覚えていない。その時は、橘が行方不明なり、取り返しのつかないことになってしまったと感じていたからだ。

夜が明けてから私と警察、それから数人の地元のボランティアが橘の捜索を行った。しかし、丸一日たっても橘自身はもちろん、なんの手がかりも見つからなかった。結局、橘は見つからなかった。

この世ではないどこかに連れて行かれた？

橘が行方不明になって4年が過ぎた。私はいまでも橘を木村と一緒に連れて帰らなかったことを後悔している。

その後も私と木村は橘を探しにあの集落に通い続けている。橘がいなくなって1年目の日も現場を訪れたが、そこで不可思議なことがあった。

私たちは毎回、廃村の例のお地蔵様たちに遊び半分で来てしまったことを謝罪する意味を込めて、手を合わせているのだが、その日、なくなったはずの一体が戻っていた。盗んだ者が返しに来たんだと思ったが、1時間ほど廃村内を捜索し、帰り際にまた社の方を通ると戻っていたはずのお地蔵様が消えていた。

私と木村は驚き、お互いの記憶を確認したが、たしかに2人とも1時間前にはお地蔵様を見ていた。それ以降の年もお地蔵様はなくなったままだった。

いまとなって思うのは、橘は馬鹿にしたお地蔵様の〝さわり〟で、この世ではないどこかに連れて行かれたのではないか。放火による嶽集落の大火災もお地蔵様のさわりで、橘が熱いと言っていたのも、私が息苦しいような声を聞いたのも火を連想させる。橘がこの世の外に連れて行かれたことを私たちに示すために、

1年たったあの日、お地蔵様が一瞬だけ戻っていたのかもしれない。

その後、お地蔵様に手を合わせるときは、「橘をどうか返してください」と私は祈っている。

神隠しの「宗教的」恐ろしい真相

◆都市ボーイズ・早瀬康広

恐ろしい真相が隠されていた神隠し事件があります。場所は言えませんが、ある地域で10代の子供が神隠しにあい、数カ月後、同じ地域内で衰弱した状態で見つかりました。現代の神隠しだと騒がれたのですが、取材をすると真相は違いました。子供の両親はある宗教団体の地域の指導者的立場で、ある時、子供が戒律違反を犯したことに激怒し、両親は子供を家から追い出しました。家に帰れなくなった子供はずっと外で生活していたのです。地域住民は子供を見つけていましたが、彼らも宗教団体の信徒だったため戒律を犯した子供を誰も助けなかったのです。ようやく、地域に最近引っ越してきた宗教団体と関係のない男性が発見し、通報したことで子供は保護されました。大きな力が働いたのか、地域住民全員がその事実を隠し通したのか、当時の報道では宗教団体に関して何も言及されていません。

この奇異な神隠しの舞台となった某地域の風景

青凪村

村人より人形が多い集落の〝おぞましい噂〟

文・梶井光

実名は避けるが、県自体が秘境のようであり、そのなかでも長い歴史を持ち、標高750メートルの高地にある青凪(あおなぎ)村は、ひと際異彩を放つ集落だ。

かつて数百人の住民がいたものの現在は20人余り。村の小学校は最後の6年生が卒業した20XX年に閉鎖された。

残された老人を中心とした村人たちは、ひっそりと農業を営み、自給自足で生活をしている。

いわば過疎化と高齢化が進んだ限界集落なのだが、この村が異常なのは、村人よりも村中に置かれた人形（カカシ）の数のほうがはるかに多いということだ。

例えば、閉鎖された小学校では、数十体の人形が教室に座っており、校庭では徒競走、ボールを投げるといったポーズの人形が置かれている。道を歩けば石畳などに人形がうっすらと笑みを浮かべて座っており、田畑では農作業をする人形の姿が散見される。

この不気味な光景の真意を探るべく現地に向かうと、村人たちからは意外な答えが返ってきた。

この村は山中にしては晴天の日が多いことから、別名「青空の里」とも言われている。取材に訪れたこの日も晴天に恵まれ、老人たちは農作業に従事していた。挨拶がてらに何を栽培しているのかと聞くと、「野菜でも米でも何でもいいんじゃよ。この村はしっかりとした土で何でも育つんで」と朗らかに返してくる。なんだか、取材で来たことは抜きにして、こちらも余暇を楽しみたくなるような気持ちのいい土地だった。

しかし、この村とは似つかわしくない奇妙な人形の存在について聞くと、老人の表情は一変した。深いしわに覆われた眉間に、さらに険しいしわを寄せ「知らないよ！」と、吐き捨てるように言い放った。

その後、他の村人たちに聞いても、人形がいつどこで誰につくられたのかは、「知らない」「わからない」「いつの間にか置いてあった」と口々に言う。おそらくここ10～20年の間につくられた物のはずなのに、どうにも不自然な話である納得がいかなかった私は、山から少し離れた町で聞き込みをした。すると何とも不気味な話が次々と飛び出してきたのだ。

老婆の一族は〝洗脳〟が得意

まず、青凪村には10年ほど前に他界した110歳まで生きた村長だった老婆がいたということ。その老婆が「次々と村を去ってゆく人が多いのが寂しくて、去って行った人の数だけ、人形をつくった」という説があるという。さらに、「去って行った村人を呪うために人形をつくった。いわゆる呪いの人形である」という説もあった。この老婆の一族は霊感・霊力があることが地域一帯では有名で、老婆に呪われた者は、変死を遂げているというのだ。

しかし、これは青凪村を出てほかの土地に移住した者が心臓麻痺で急死した、という一例が、噂話として誇張されたとして、いまでは落ち着いているという。

また、「老婆が呪文をかけると、人形たちは夜な夜な動きだした」などの話も聞けたが、さすがに信じることはできなかった。だが、町民への聞き込みを続けると、事実だとしてもおかしくない、恐怖の話を聞くことになった。

村を去る者が増えてゆく寂しさから老婆が人形をつくり、あたかも村が賑わっているような雰囲気にしたことは、どうやら半分は事実らしい。しかし、この話は表向きで、実は老婆が村を去ろうとする人間を次々と殺害していったという話にたどり着いた。

「老婆は殺した人間の数だけ人形をつくり、無造作に放置した」

その人形を、残った村人が、せめて生きている感じにしようと、現在の青凪村に見られる、あたかも人形が生活しているように小学校などに置いていったという。

また、こんな話も聞かされた。

「老婆の一族は〝洗脳〟が得意だった」

老婆には5人の子供と孫、曾孫（ひ）がおり、一族総出で他家の人間たちを洗脳してきたというのだ。

田舎暮らしを求めて移住してきた人、たまたま仕事で越してきた人たちを洗脳し、この村から出られない精神状態にする。時には成人となった子供たちに老婆が指示し、よその土地から誘拐してきた人を洗脳した。こうしたいびつな手段で、老婆の一族は村での権力を増していった。洗脳された村人は、老婆一族の奴隷として青凪村で一生を終える。

洗脳が解け、村を出ようとした者や逆らった者を老婆は殺害し、ほかの村人たちへの見せしめとして、犠牲者にどこか似た人形をつくったというのが真実だと。たしかに、どの人形も個性豊かな顔立ちをしており、細部にこだわっているつくりだった。

このおぞましすぎる話を聞いていて、ふと疑問が浮上した。

老婆は死んだ。では、「老婆の一族」はまだ健在なのか？

老婆の一族をみな殺し

現在20人ほどの村人の中に、「老婆の一族」がいるとすれば、村人の数は少なすぎではないかとの疑問が浮かぶ。

この疑問を町民に投げかけると、これ以上話させるなといった様子でこう語った。

「……う～ん、これも本当かどうかはわからないけどね……。いまいる高齢の村人たちは、老婆が死ぬと同時期に洗脳が解けて、残った老婆の一族をみな殺しにしたらしいんだよ……。孫や曾孫も含めてね……」

殺害を繰り返した一族が、洗脳された村人たちに殺害された。そして、町民があくまで噂として語った話では、一族の死体は村人たちが耕している田畑の底に埋まっているという。

村人たちの「知らない」とは、自分たちがしたことの隠蔽だったのかもしれない。

そして、町民はさらなる「おぞましい噂」を聞かせてくれた。

「いま残っている老人たちも、そもそもが老婆と性的関係のあった父親違いの子供で、ということはだ、その子孫は近親同士の間で生まれた子供だってことになるよな」

若い頃の老婆は、洗脳した男たちと性行為を繰り返し、子供をつくり続けた。そして、その子供たちは近親者同士でさらに子供をつくったというのだ。

町民は最後にぽつりと言った。

「あんた、いま取材に来てよかったと思うよ。老婆が生きている時に青凪村に行ってたら、あんたも洗脳されていたかもな」

町民の証言はあくまで、その地域で有名な青凪村の「おぞましい噂」である。

真実を知るのは、青凪村に残り「人形のことは知らない」と頑なに言い続ける老人たちだけなのだ。

村八分村

「静岡県上野村村八分事件」の顚末

文・山田剛志

同類が集まって序列をつくり、権力者の指示や判断に盲従し、レールから外れた者を徹底的に排除する――。現在でも、地域、会社、学校、サークルなど様々なコミュニティで見られる負の集団圧力。それがこのうえないほど醜悪な形で露呈した出来事があった。不正選挙の告発に端を発し、告発者一家が村八分の憂き目にあった「静岡県上野村村八分事件」だ。

〝村八分〟とは、江戸時代から使われている言葉。十分（じゅうぶ）ある交際のうち「冠礼、婚礼、出産、病気、建築、水害、年忌、旅行」の八分においてはいっさい関わらず、残りの二分である「葬式」と「火事（の際の消火活動）」のときだけ付き合いを持つという語源を持ち（諸説あり）、共同体の掟や秩序を破った者やその家族に対し、村民全員が申し合わせて絶交することを意味する。

事件が起こったのは1952年。舞台となった上野村では、かねてより組織的な不正選挙が公然と行われていたという。その内実はこうだ。村の有力者は、国政選挙の時期が近づくと各家庭を訪問し、「棄権するなら代わりに投票に行ってきてやる」と村民をそそのかして半ば強制的に投票券を奪取する。また、「棄権する人がいたら組合長宅まで投票券を持ってくるように」とのメッセージを記した回覧板を廻すなど、「棄権防止」という名目のもと、村民から投票券を取り集め、抜け抜けと替え玉投票をしていたのである。

始末の悪いことに、選挙管理者は不正の事実を知りながら黙認しており、村民もこうした行為に何の疑問も抱いていなかったという。たった一人の例外を除いては——。

告発者は15歳の女子高生

1952年当時、静岡県立富士宮高校（現・県立富士宮東高等学校）に通う15歳の女子高生だったAさんは、村ぐるみの不正に強い怒りを感じていた唯一の人物だった。彼女は、1950年6月に行われた参議院選挙の際にも同様の違反に気づき、通っていた上野中学校の学生新聞に、不正選挙を告発する記事を投稿。

記事は中学2年生が書いたとはとても思えない理路整然としたものだったというが、あろうことか学校側は告発文が掲載された学生新聞を全生徒から即座に回収し、一部も残らず焼却した。事なかれ主義の教員たちは、告発文が村の有力者の目に触れることを恐れたという。

「村の大人は誰一人として信じることができない」

絶望した彼女は、2年後の参議院補欠選挙に際して、異なるアプローチで村の不正を白日の下にさらそうと決意。東京の新聞社へ真相究明を依頼する手紙を投函することにしたのだ。

手紙には村の有力者が村民の投票券を集めて回っていること、選挙管理委員会が違反行為を見て見ぬフリをしていることなどが赤裸々に綴(つづ)られていた。

朝日新聞の行動は早かった。記者は手紙を受け取ったその足で富士宮高校にAさんを訪ね、事情を直接聞き取ると、その数日後には事件を記事化。報道を受けた警察は遅まきながら捜査を開始し、村の有力者を含む関係者十数名が出頭を命じられることになった。

村の不正に心を痛めた一人の少女による決死の告発が実を結び、悪は駆逐されて村には平和が戻った――。

これで話が終われば後世に美談として語り継がれたに違いない。しかし、そうは問屋が卸さなかった。問題はあらぬ方向に発展していく。

選挙からしばらくたったある日、Aさんは突然路上でとある婦人に呼び止められ、鬼のような剣幕で以下のような言葉を投げかけられたという。

「選挙違反の投書なんかしたのはお前だな！　学生のくせに他人を罪に落とし込んで喜んだりして。自分の住んでいる村に恥をかかせてそんなに嬉しいか！　今日十何人もの人が警察に呼ばれたんだけど、帰ってきたらみんなであんたの所にお礼に行くそうだから、覚悟しておきな」

出し抜けに浴びせられた痛烈な罵声。これが狼煙(のろし)となり、A家に対する村八分という名の陰惨ないじめが始まった。村では田植えの季節が始まっていたが、近所からの手伝いはいっさいなく、朝夕の挨拶すら避けられるようになった。さらに、村民の一部はAさんの奨学金を停止しようと各所に働きかけ、近所の小中学生は親からの受け売りだろう、Aさんの妹に対して「アカだ」「スパイだ」と野次を浴びせかけた。

Aさんの父親は投機的な失敗をしており、複数の近隣住民に借金をしていたというが、村民は村八分を正当化するために「Aの父親がお金を返さない」と至るところで吹聴した。地元の新聞もその素行について悪様に書き立てた。父親の問題と選挙の問題は別であると考えていたAさんは、「父親の行為を正せない者が、村の問題をとやかく言うべきではない」と村民から痛烈に批判され、ショックを受けたという。

地図から消えた〝村八分の村〟

不正選挙告発をきっかけにして始まった陰湿な村八分。事件を全国に知れ渡らせたのは、またしても朝日新聞だった。

１９５２年６月24日付朝刊の「今日の問題」欄にて、A家が被っているイジメの内容とともに、「不正を見ても黙っているのが村を愛する道でしょうか」という彼女の切実な声を紹介。朝日新聞の報道を皮切りに、ほかの新聞や週刊誌もこぞってこの事件を取り上げ、一躍社会現象となった。

報道の影響もあり、１９５２年の秋頃になると村八分は緩和され、A家と村民との交流は徐々に回復し始めたというが、その反面、Aさんが日本共産党に入党したというあらぬ噂が流れたり、左翼思想や危険思想の持ち主であるというフェイクニュースが報じられる機会も増えていった。

警察はAさんやその友人の思想傾向などを徹底調査。不正を糾弾するヒーローとして持ち上げられたかと思いきや、一転して犯罪者であるかのような扱いを受けたことにより、Aさんは報道陣や警察に不信感を抱き、固く心を閉ざすことに。彼女はその後、『村八分の記：少女と真実』（理論社）と題した事件の記録本を出版。法政大学卒業後は婦人民主クラブの事務局長として活躍し、現在（2021年4月）も存命中である。

アメリカの水爆実験の犠牲となった「第五福竜丸」を題材にした映画を監督するなど、社会派として知られる映画監督の新藤兼人はこの事件に着目。新藤が脚本を手がけた映画『村八分』（監督・今泉善珠）は1953年に公開されると、独立プロダクションの作品としては異例のヒットを記録。映画のなかでは「野田村」という架空の地名が用いられているが、当時の観客はこれが「静岡県上野村村八分事件」をモデルとしていることを誰もが知っていたという。

報道や映画のヒットが影響して、上野村は「村八分が横行した土地」として負のイメージが刻印されることになった。周囲から白い目で見られるのを嫌った村民たちは、次々と離村の動きを見せ、事件から数年たつと一帯は過疎化の傾向を強めていった。静岡県は村から住民が消えていくのを見兼ねて、1958年に上野村を廃止し、富士宮市に編入合併することを決定した。日本で最も有名な〝村八分の村〟はこうして地図から姿を消すことになった。

かつてに比べ近所付き合いが希薄となった現在、村八分が話題に上がることは少ないが、スマートフォンの普及に伴い、ＳＮＳに舞台を移して、特定人物に対するいじめ行為は日夜行われている。

閉鎖的な共同体でマジョリティとなった人間は、時に少数者に対してモンスターとなる。

「静岡県上野村村八分事件」から得られる教訓はいまだなお多い。

「組織的いじめ」で隣人を陥れる集落

◆都市ボーイズ・早瀬康広

恐ろしい村八分の話を番組企画にしようとした顛末をテレビ関係者に聞いたことがあります。都内のある地域にゴミ屋敷があり、ゴミだけではなく壁中に罵詈雑言が書かれていた。家主の男性も通行人にゴミを投げつけ、「許さん！」などと暴言を吐く。家主は「周囲の人にゴミを投げ込まれるから投げ返しただけ。落書きも勝手にされる」と主張。「精神的におかしくなっている」と思ったが、検証として監視カメラを仕掛けた。すると夜中に近隣住民が堂々とゴミや動物の死骸を投げ入れ、壁に落書きをする様子が映っていた。後日、近隣住民に話を聞いたところ「知らない」の一点張り。真相を探ろうとしたが、ついに町の議員の圧力によって番組企画はお蔵入りになった。つまり地域住民が男性にいじめを行い、ゴミ屋敷に仕立て上げていたのです。恐ろしいのはこの男性宅のほかに3軒も同様の村八分被害を受けているというのです。

近隣住民によってドアを破壊された男性の車

花魁淵

殺された遊女の怨念がさまよう村の谷

文・梶井光

　私はとある街で春を鬻（ひさ）ぐ風俗嬢。この世界に入った理由は、性の目覚めが早かったから。そのきっかけは、幼い頃に見知らぬ30代くらいの男にいたずらをされたことだ。5歳だった私は男に山中に連れて行かれ、そこで性器を触られるなどの暴行を受けた。

　しかし、幼心に私はどこかで性的興奮を覚えていた。

　子供の頃にそんなことをされたら、一生トラウマが残り、性的な行為が嫌いになると思うだろう。もちろんそういう人のほうが多いと思うが、そこで性的な快感に目覚めてしまう女もいる。

　私にももちろんトラウマは残っている。いまでも当時の記憶がフラッシュバックし、その男の顔も鮮明に覚えている。

しかし、私には明らかに後者の特性が現れ、20代になった現在、風俗の仕事をしている。どこかで自分の人生は、もうどうにでもなっていいという空虚感も感じている。

ある日、店に50代と思しき客が来た。ひと目でわかった。幼き日、私にいたずらをしたあの男だ。向こうは当然、私のことなど覚えているはずもなく、普通に客として相手をした。男は仮名であろうが「石井」と名乗った。

一通りのサービスを終えると、石井は「君、かわいいねえ。それはそうと、俺、この店のヤバい秘密知っちゃってさあ。多分、それ通報したらこの店潰れるよ。今度、お金出すから店以外で会ってくれないかなあ」と誘ってきた。

なぜかこの再会に興味を覚えた私は、ある伝説で知られる村に石井と行きたいと思った。この街から車で1時間ほどの甲州市塩山一之瀬高橋という村だ。

「いいよ。ドライブに連れていって」と伝えると、石井は大喜びをして、「いつにする？　連絡先を教えてよ」と言ってきた。

なぜ、5歳の私にあんなことをしたこの男とドライブなどしようと思ったのか。この時の心理状態はいまの私にもよくわからないままだ。しかし、その村に行きたかったのには明確な理由があった。山中にある「花魁淵」と呼ばれている谷に興味があり、そこで江戸時代に伝説的な悲劇が起きていたからだ。

付近には、黒川金山という戦国時代から江戸時代前期まで栄えていた遺跡があり、そこは「武田家の隠し金山」とも呼ばれ、武田軍の軍資金の多くが産出されていたという。

長篠の戦い（1575年）で織田・徳川の連合軍に破れたあと、金山の情報が外部に漏れることを恐れた武田家によって閉山され、同時に黒川金山の秘密と深い関わりがある者を抹殺する計画が、武田家の役人たちの間で話し合われた。

その抹殺の対象が、役人の性的欲求を満たしていた「遊女」たちだった。役人たちは彼女たちに閨房（けいぼう）の軽口として、金山の重要な秘密をしゃべってしまっていたのだ。

遊女は橋ごと深い谷底へ

「遊女」とはいまの風俗嬢。私と同じ仕事をしていた人たちだ。

武田家は宴と偽り、谷に架けられた一本の橋の上に数十人の遊女を集め、そこで舞を踊らせる。その間に橋の両端を切断し、遊女は橋ごと深い谷底へと突き落とされてしまい、全員が溺死したという。

この伝説に私が魅かれたのは、彼女たちを供養したかったのかもしれない。そして、なぜかあの男と行ってみたくなったのだ。

ドライブ当日、石井は私を乗せて嬉々として車を走らせる。花魁淵に向かう最中の私は、なぜか気分が高揚していた。

そして、たどり着いた花魁淵には、いまも橋は掛け直されていなかった。10メートルほどの薄暗い谷の底には川が流れ、激しい水の音が不穏に聞こえてくる。

「ちょっと薄気味悪い所だね。なんでこんなところに来たかったの？」

「いや、私、怪談とか好きなんですよ。でも車の免許もないし、友達を誘っても怖がって一緒に行ってくれないし。それに、石井さんだったら何かあったら守ってくれそうだし」

「なんだ、そうだったのか。じゃあ、ここでエッチしようよ」

「それは、ダメ！　お店に来てくださいね」

「いいじゃん。ちょっとだけだからさ」

石井は強引に私を抱き寄せ、おもむろに性器を触ろうとしてくる。

職業柄、店で何を要求されようと、相手が石井だろうと平気なのだが、さすがにこの場面では、幼い頃のトラウマがフラッシュバックしてきた。

「やめて！」と抵抗する私に、石井はすんなりと行為を止めた。意外に思ったが石井は、「あ、あれ……」と谷の底を指差した。

谷の底を見ると、川で溺れているような女性の姿が見えた。

「あ、あの人、溺れてる！　た、助けないと！」と慌てる私に対し、「え、ええ～！　やだよ、俺、巻き込まれたくないよ！」と石井は慌てふためいた。よく見ると、その女性はきれいな着物を着ていた。まるで、江戸時代の遊女のような――。

次の瞬間、壮絶な光景が目の前で起こった。

その女性が修羅のような形相で川から崖を這い上がってきたのだ。

「ヒイイッ!!」と石井は悲鳴を上げ、車に乗り込むと一人で立ち去ってしまった。それでも女性は這い上がってくる。

しかし、私には不思議と恐怖心はなかった。むしろ女性を助けたくなり谷の底に向かい手を差し伸べた。

すると女性は険しい形相から一転、うっすらと笑みを浮かべ、その姿を徐々に消していった。しばらく放心状態だった私はめまいがし、そこでうずくまって気を失ってしまった。その後、心霊スポット巡りに来たカップルが見つけてくれて、山のふもとまで車で送られ、警察を呼ばれたという。

武田家に殺された遊女の霊

後日、あらためて花魁淵について調べてみると、さらに残酷な話を知ることになった。

橋から落とされたほとんどの遊女は激しい水流に飲まれすぐに溺死したが、なかには運よく生き延び、村のある下流まで流れ着いた遊女もいたという。しかし、そこで村人に助けられることはなく、残った遊女たちも次々と溺死していった。村人には武田家から「けっして遊女を助けてはならない」という通達が出されていたのだ。

この話を知って、あの時、私が谷で見た女性は、まぎれもなく武田家に殺された遊女だったのではないかと確信した。

無念であっただろう——。

仕事とはいえ、男たちに弄(もてあそ)ばれるだけ弄ばれて、最後は殺されてしまうなんて。

さらに、こんな話も伝えられているという。

女性は決して花魁淵に近づいてはいけない。呪われると。

それでも、おそらく遊女であった霊を見た私は怖くはなかった。あの時、手を差し伸べたあの女性の最後の笑顔はとても穏やかだったからだ。

それからも私は風俗譲を続けている。呪いなんていっさいない。

そして、石井はあの日以来、店には来ていない。口説こうと思った風俗嬢とよくわからない不気味な谷に行って、あんな恐怖を味わったのだから。私とはもう関わり合いたくないだろう。

しかし、数日後、店員からの話で石井が交通事故に遭ったことを知る。なんでも車の運転中にカーブを曲がりそこね、谷底に転落したという。奇跡的に命に別状はなかったが半身不随の重症だった。

しかも、下半身不随。

つまり、石井の性器はもう機能しない。

少し唖然（あぜん）としたが、私はこう解釈することにした。

花魁淵に女性が行くと呪われるのではなく、女性と一緒に行った男性が過去に悪事を働いていたなら、そのとき、その男に呪いがかかるのではないかと。

そして、石井が死に至らなかったのは、私が殺したいほど憎んでいたわけではなかったからかもしれない。そう自分に言い聞かせながら、私は今日も風俗の仕事をしている。

池添村

絶対に足を踏み入れてはいけない墓場

文・鶉野珠子

大学3年生の夏、私はあるオンラインゲームに熱中していた。大学は夏季休暇に入っていて講義はない。サークルにも所属していなかったし、ゼミの合宿や飲み会もなかったので、大半の時間をそのゲームに費やしていた。

そのゲームをプレイするなかで知り合ったのが、「ヨシダ」という男だ。ヨシダは同い年で、私と同様に寝る間も惜しんでゲームをしていたのですぐに打ち解けた。連日、0時頃にログインして、明け方までともにゲームをプレイする。ボイスチャットで通話をしながらゲームを進めた。最初はゲームに関係する話をしていたが、次第に、大学の話やテレビの話など、世間話もするようになっていった。

ヨシダからある村の話を聞かされたのは、9月に入って間もない頃。あと数日で夏休みが終わり、後期の授業が始まろうかという夜だった。その日も私たちはボイスチャットで雑談をしながらゲームを進めていく。その日は、夏の終わりということもあって怪談をすることになった。私はあまり詳しくなかったが、ヨシダは「とっておきの話がある」と興奮気味に言った。

「従兄弟が雑誌のカメラマンで、よく全国各地の怪奇スポットに撮影に行っているんだ。実はこの間行った村が、ガチで『不気味な村』だったみたいでさ……」

ヨシダが話を続ける。私は少しだけ緊張しながら、ヨシダの話に耳を傾けた。

従兄弟が訪れた村の名は、「池添村」という。何県にある村なのかが気になり尋ねてみたが、ヨシダは「従兄弟に聞いたけど忘れた」と笑った。

池添村は深い山奥にあり、人口はきわめて少ないという。いわゆる限界集落だ。ごく稀にヨシダの従兄弟のような外部の人間が訪れることはあっても、移住してくる者は滅多にいない。新しい住民が入ってこないものだから、池添村に住む人々は、昔からその土地に暮らす一族だけになっていく。その証拠に、池添村に住む人々が持つ苗字は、全部で3種類しかないという。村の中に3つの一家しかないと考えると、閉鎖的で小規模な村だと推測がついた。

「例えば、村に『佐藤』『鈴木』『田中』しかいなかったら、名前を呼び合いづらい。そういうわけで、お互いに『屋号』を使って呼ぶそうだ。田舎って感じだよな」

ボイスチャットのヨシダはそう説明した。

「家自体が墓みたい」

そんな池添村には、役所も駅も学校も存在しない。あるのは郵便局と小さな商店が1軒だけ。スーパーすらないので、村の人々は自分たちで野菜を育て、自給自足の生活を送っているという。村の至るところに畑が点在し、そこかしこで野菜を栽培している光景は、想像すると田舎ならではの原風景のように感じられた。

だが見方を変えると、郵便局と商店以外には畑しか存在しない村というのは生活感が感じられない。急病の際に駆け込める病院や、娯楽施設もない村を、ヨシダの従兄弟が「不気味な村」と表現したこともうなずける。話を聞いているうちに、私は得体の知れない村に対する恐怖を覚えていた。

従兄弟を池添村まで案内してくれた雑誌の編集者によれば、この村にも週に2回ほど、出張販売の軽トラックがやって来るという。野菜以外の生鮮食材は、その出張販売頼みだそうだ。

「村の外へ買いに行けばいいのに」

「従兄弟もそう思ったって。だから編集さんに同じようなことを言ったそうだ。だけど、村の外へ出る者はいないらしい。不便だよな」

「不便というか、不気味だよ、不気味」

　気づけば私たちは、オンラインゲームをプレイする手を止め、池添村の話に夢中になっていた。ヨシダは相変わらず声を弾ませながら、従兄弟の体験談を私に聞かせ続ける。

　従兄弟が池添村に足を踏み入れたのは2週間ほど前のこと。ちょうどお盆の時期だった。彼はその日、大型トラックに大量の花が積まれ、池添村へ運ばれてきたのを目にしたという。トラックは村内のすべての民家を回り、各家庭の玄関先に花を置いていった。時期も踏まえて推察するに、墓参り用の花なのだろう。

「そうだと思う。池添村には『裏山』と呼ばれる場所があって、そこには無数の墓が並んでいる。それがおびただしいほどの数だと従兄弟も驚いていた」

「生活利便施設もろくにない村で、墓場だけは整備が行き届いているのか。聞けば聞くほど不気味だな」

「ああ。しかも、花も直接受け取ればいいのに、わざわざ戸口に置いておくなんて」

「たしかに。真夏の炎天下で生花を外に置いておくなんて、おかしいよな」

と、私が口にした時、ヨシダが思い出したように「あっ……」と呟いた。

「なんだよ」

「玄関先に花が置かれた光景を見て従兄弟はこう思ったんだと。『まるで家自体が墓みたい』と」

トラックから降りてきた男は、家の人間を呼び出しもせず、黙って花を置いて回った。その光景はまるで墓に花を手向けるようだったと、ヨシダの従兄弟は感じたという。

ヨシダの発言のあと、私たちの間に沈黙が流れた。この静寂に耐えられなくなり、私はヨシダにこう質問した。

「そうは言っても、花が置かれたあと、住んでいる人が取りに出てきたんだろ?」

「……」

ヨシダが黙る。私は続きを促した。

「なんだよ」

「……それが、従兄弟が滞在している間、家の中から出てきた住人はいなかった、って……」

それどころか、従兄弟が村に立ち入ってから帰路につくまで、その村の人間を誰一人として目にしなかったというのだ。あの村に、生きている者はいるのか。それさえ定かではない村で、各家庭の玄関に、花が置かれていく。その光景を想像するに、たしかに供養のようにも思える。話し込んでいると、気づけば日の出を迎えていて、その日はこれきりでお開きとなった。

背筋が凍ったメール

この話をした直後に私もヨシダも大学の新学期が始まり、一緒にゲームをプレイする時間がいっさいなくなってしまった。数カ月後には就活も控えている。互いに忙しかったのだ。

それから月日は流れ、12月に入ってすぐのある日、久しぶりにヨシダから連絡を受けた。メールだった。

〈久しぶり。

夏休みに不気味な村に行った従兄弟の話をしたと思うんだけど、

その従兄弟、先日亡くなったよ。

あと、雑誌の編集さんも。

一応、お前には伝えておこうと思って、連絡した〉

そのメールを読んだ瞬間、背筋が凍った。と、同時に脳裏に嫌な予想が浮かんだ。しかし、仮にいま浮かんだ予想が本当だとしたら、それはあまりにも出来すぎではないだろうか。私はその予想を打ち消すためにヨシダへ返事を送った。

〈わざわざ教えてくれてありがとう。

亡くなったのは病気とか？〉

従兄弟の死の理由を聞いてみたが返事はなかった。私は恐る恐る、「池添村」とネットで検索した。すると、先ほどの嫌な予想を現実のものとする記事が出てきたのだ。

――絶対に足を踏み入れてはいけない村「池添村」

――通称「墓場村」

――村自体が大きな墓場のようなその村に立ち入った者は、数年以内に命を落とすと言われている

従兄弟と編集者の死を知らせるメッセージを受け取った日を境に、ヨシダと連絡が取れていない。ゲームへのログイン履歴も、あの日で止まったままだ。

立ち入り禁止「来ること勿れ」の村

◆都市ボーイズ・早瀬康広

　閉鎖された村について私がすぐに思いつくのは茨城県のある村のこと。これはその村の出身者から聞いた話です。村人は自分たちの村を「来ること勿れ」、外部の人は「入ること勿れ」と呼ぶそうです。そのきっかけは100年ほど前に村で疫病が流行り、出入りが禁止になったことです。疫病が収束してからもルールはしばらく残り、その名残で内外の人は村のことをそう呼ぶそうです。実際、いまでも村の住民は外部との接触が少なく、例えば若い人でもジャニーズのアイドルをほとんど知りませんでした。「あの人は白蛇に殺された」など本気で話す人もいて、独自の文化がいまでも残り、村の雰囲気はかなり独特です。

「来ること勿れ」の村に祀られている祠

自殺村

下多島村で多発する〝首吊り死〟の怪

文・鶉野珠子

社会人４年目を迎えた春のことだ。仕事を終えてスマートフォンを確認すると、母から「ショウタロウが大変なことになっている」というメールが届いていた。ショウタロウというのは、４つ年が離れた私の弟のこと。ショウタロウはこの春大学を卒業し、宮崎県の企業に就職した。もしかして、宮崎で何かあったのだろうか。私は弟と、そして母のことも心配になり、急いで母の携帯を鳴らした。

「もしもし？　母さん？」

「……もしもし……？」

電話越しの母の声には相当疲労がにじんでいた。

「ショウタロウがどうかしたのか？」

「……実はね、ショウタロウが宮崎で出会った人と『結婚する』って言っていて……」

「結婚、か。ついこの間宮崎へ行ったばかりと考えると急な気もするけど、おめでたいじゃないか」

「結婚自体は、おめでたいことなんだけどね……」

母が溜め息をつく。問題は、それを告げてきた弟の態度だという。

「急に電話がかかってきたと思ったら、『職場の同僚のヒロコさんと結婚します。来週、籍を入れます』とだけ言って電話を切られそうになったのよ。あんなに一方的に言ってくるショウタロウは初めてだから、何か危険なことに巻き込まれでもしてるんじゃないかって、母さん心配で……」

思えば、ショウタロウは幼い頃から気をつかう弟だった。我が家は母子家庭だったので、とにかく母を心配させまいと、大きな決断をするときは毎回、母に相談をしていた。そんな弟が突然、出会って間もない女性と「来週、結婚します」と言ってきたわけだ。しかも、電話で一方的に。たしかに、我が家では〝異常事態〟といえるだろう。

母は、「一度実家に顔を出してほしい。ゆっくり話そう」と説得したが、ショウタロウは聞く耳を持たなかったそうだ。そこで、「母さんが宮崎まで行くから、会って話をしよう」と持ちかけたという。

「そうしたら、『宮崎に来るなら会って話をしてもいい』なんて言うのよ」

「ショウタロウらしくない口のきき方だな。まるで人が変わったみたい」

「そうなの。それもあって、余計心配になっちゃって……。ねぇ、アンタも一緒に宮崎まで来てくれない？」

普段の私なら「面倒だな」と感じるお願い事だが、今回ばかりは、私も弟のことが気にかかる。私はすぐに会社に有給休暇を申請し、飛行機の手配をして、母とともに弟が暮らす宮崎の地を訪ねた。

自殺衝動にかられて首を吊る

空港に到着し、電車で目的地へ向かう。しばらく電車に揺られると、電車はその路線の終着駅に到着した。終点で降りて、そこから先は徒歩で弟が住む場所まで向かうという。

「なんていう場所なんだ？」

そう母に聞くと、母は「下多島村（しもたじま）」と答えた。すると、すぐ近くにいた駅員が私と母に走り寄ってきた。

「お客さん、下多島村へ向かわれるんですか⁉」

「そ、そうですが」

勢いよく話しかけてきた駅員に応じる私の背後では、母が怪訝そうに彼を見ている。駅員はひと呼吸置いて落ち着くと、語りかけるように話し始めた。

「あの村に行ってはいけません。あの村はこの辺りで『自殺村』と呼ばれる、呪われた場所なんです」

「じ、自殺⁉」

物騒な呼び名を聞いて慌てる母を心配し、駅員は私たち親子を駅員室へと案内してくれた。聞けば、下多島村は「自殺村」という別称のとおり、毎年多数の自殺者が出ている村だという。自殺方法は全員共通していて、首吊り。村に点在する電柱にロープをかけて首をくくり、命を絶つそうだ。

下多島村は、鎌倉時代以降の武家政権の時代に誕生したとされている。身分の低い人々が、身分の高い人間による手酷い仕打ちから逃げた先で、手を取り合ってつくりあげた集落が下多島村なのだ。当時、身分の低い人々は上流階級の人間から虐げられ、食事も満足にとれない悲惨な生活を強いられていたという。この村には、過酷な生活に耐えられなくなった者から順番に自死を選択していった、という暗い過去があるのだ。

「そうした歴史があるので、あの村は『自殺村』と呼ばれて、呪われていると噂されています。村には自殺した人々の怨念が漂い、一歩足を踏み入れたが最後、恐ろしい洗脳を受けるのです」

「洗脳、ですか？」

「はい。洗脳状態になると、別人に変貌し、最終的には自殺衝動にかられて首を吊るといわれています」

「別人に変貌する」という言葉を聞き、母の顔が強張った。駅員は気に留めず、村に関する話を続ける。

「自殺村の人間は外部の人間を憎み、忌み嫌っています。余所者はけっして村に入れません」

「も、もしも、入ってしまったら……？」

母が恐る恐る尋ねると、駅員は「洗脳されて別人になり、二度と村から出られなくなる、といわれています」と返した。その返事を聞いて青ざめる母の隣で、私は母から聞いた弟の発言を思い出していた。あれだけ心優しく、家族思いだった弟の豹変ぶりも、村の洗脳だと考えると合点がいく。

「教えてくださってありがとうございます。ですが、自分の息子がそんな危険な土地にいると知ったら、親として会いに行かないわけにはいきません」

母はそう告げてから深々とお辞儀をすると、駅員室を出て歩き始めた。行き先は、弟がいる下多島村だ。私も母のあとを追い、下多島村へ向かって歩き出した。

視線だけで人を呪い殺せそうな目

体感にして1時間くらい歩いただろうか。寒気を感じる森の前に着いた。森の入口から奥の方を見ると細いけもの道が見える。ここを歩いていくと弟がいる下多島村に着くのだろう。

「ね、ねえ！　誰かが来たわ！」

けもの道をじっと見つめていた母がそう言った。その言葉通り、何者かがこちらに向かって歩いてくる。

「ショウタロウ……」

その人影は、ショウタロウだった。しかし、私が知っているショウタロウとは別人のように雰囲気が変わっていた。目は血走り、そのうえ焦点も定まっていない。それなのに、やけに姿勢も歩き方もきれいなものだから、まるで誰かに操られているようだった。

「かあさん、にいさん、こっちにおいでよ」

森の入口までやってきたショウタロウは、ゆっくりと、そう告げた。その声は、私たちが聞き慣れていたショウタロウの声とは似ても似つかなかった。母は、愛する息子が別人のように変わり果てた姿を見て絶望しているのか、身動きひとつ取れずにいる。そんな母を見たショウタロウは、

「かあさん、こっちに、おいでよ」

と告げると、母の腕を掴もうとした。私はショウタロウが母の腕を掴むよりも早く母を引き寄せ、「走って！」と大声を上げた。今年60を迎える母には酷だったが、私と母は先ほど歩いてきた道を全速力で走って戻った。

「ちょ、ちょっと、待って！」

少し走ったところで母が言った。止まってあげたかったが、まだ村の入口が見えるくらいの距離しか逃げられていない。もしも、変わり果てたショウタロウが追ってきていたらと思うと、止まっている暇はないと気が気でなかった。

しかし、すぐ近くに母以外の人の気配は感じられない。追ってきているわけではないようだ。私は先ほどまでショウタロウと対峙していた辺りへ目をやった。

すると、ショウタロウは黙ってこちらを見たまま立ち尽くしていた。離れた距離にいても、瞳孔が開いているのがよくわかる。視線だけで人を呪い殺せそうな目をしたあの人間は、もう、ショウタロウではないのだ。

「母さん、大丈夫。歩いて帰ろう。きっと追ってこないよ」

私がそう言うと、母はもう一度だけ、ショウタロウだった男を見た。そして、震えた声で「そうだね」と返事すると、振り返ることなく歩き出した。

泥棒村

実在した「村ぐるみ」で万引きする地

文・佐藤勇馬

２０１８年に第71回カンヌ国際映画祭で最高賞のパルム・ドールに輝いた是枝裕和監督の映画『万引き家族』。家族ぐるみで万引きなどの軽犯罪を重ねて家計を補っている貧しい5人家族。そこに虐待されている少女が加わり、徐々に家族の秘密が明らかになっていくというセンセーショナルなストーリーで大きな反響を呼んだ作品だ。

『万引き家族』は、是枝監督が実際の事件に着想を得て制作したことを告白している。

親が死亡したことを隠して家族が長年にわたって不正に年金を受給していた詐欺事件と、子供に万引きをさせていた家族の裁判。この２つの事件を元に『万引き家族』は誕生したという。

家族ぐるみで万引きをしている一家という題材に衝撃を受けた人は多かったが、世の中には「村ぐるみで万引きをしている」という驚くべき村落があった。『万引き家族』どころではない。「泥棒村」が存在したのだ。

この「泥棒村」も映画の題材にされており、1968年には結城昌治の小説を原作に渥美清が主演した映画『白昼堂々』が公開されている。

『白昼堂々』は、渥美演じる九州の炭鉱で働いていた男が廃鉱をきっかけに仲間たちと万引き集団を結成。東京、大阪、京都、北海道と全国を巡って「万引きツアー」で荒稼ぎする。しかし、次第に警察の捜査網が迫って仲間が捕まり、追い詰められた彼らはデパートの売上金を奪うという大勝負に出る、という物語だ。

ちなみに、同じ小説を原作に松坂慶子が演じる女泥棒を主人公にした映画『女咲かせます』が1987年に公開されている。

また、NHKが『白昼堂々』を原作にした連続ドラマの制作を発表したが、これはモデルとされた村からの抗議を受けてお蔵入りになったという。

さらに、1972年には東京新聞で連載されたルポルタージュを原作にした植木等の主演映画『喜劇 泥棒大家族 天下を盗る』が公開された。

こちらも廃鉱によって過疎化した九州の筑豊炭田が舞台になっており、本来であれば貧しい村落のはずなのに村人たちの家にはカラーテレビや冷蔵庫、豪華な家具が揃っている。なぜそんなに裕福なのかというと、この村には「村人全員が泥棒」という秘密があり、複雑な婚姻関係によって「一族」として深い絆で結ばれた彼らは、東京に遠征して豪快に盗みを働いていた。だがある日、泥棒村の結束が崩壊する出来事が起きる、という内容の喜劇となっている。

この作品はあくまで新聞連載にヒントを得たフィクションであるとしているが、劇中で「実は、この村はひそかに泥棒村と呼ばれ福岡県K村に実在している。村民二百余人はすべて血縁で結ばれ、その前科はメめて三百九犯、年に二億円の荒稼ぎを誇る日本一の大万引集団なのである」とテロップで表示される。

こうした一連の作品に共通するのは、荒唐無稽に思える「泥棒村」という設定。信じがたいことだが、何度も繰り返しているように「泥棒村」は実在したのだ。

万引き集団「藤ケ瀬グループ」

1959年、九州から遠征してきた万引き集団が東京・日本橋の三越デパートで一斉検挙される事件が起きる。これをヒントに結城昌治は小説『白昼堂々』を執筆したとされ、それから間もなく万引き集団が東京で逮捕される事件が再び起きている。

さらに1971年、レンタカーで全国行脚しながらデパートなどで万引きを続けていた「藤ケ瀬グループ」のリーダー・瀬川徳次郎が手下の男女11人とともに逮捕され、ついに「万引き村」の実態が解明されることになった。

グループ内の「長老」とされる当時65歳の瀬川徳次郎は、大正から昭和と51年間にわたって万引きを続けてきた大ベテランで、半世紀以上も尻尾を出さなかったことから警察の間でも伝説的な存在として語られている人物だった。

瀬川が束ねていた「藤ケ瀬グループ」の地元は、福岡県の中央部に位置する田川郡の川崎町。当時の報道によると、現地の炭鉱住宅180戸に住んでいる成人430人のうち、驚くことに150人に万引きやスリの前科があり、すべて合わせると「前科309犯」になったと伝えられている。

グループは盗品を売買する「故買」の専門部門があるなど組織立っており、逮捕時の「全国万引きツアー」だけでも、デパートなど40店舗から1000万円分の商品を窃盗。年間に2億円を稼ぎ出していたと報じられた。

実は、瀬川の逮捕以前にも「泥棒村」に警察による大規模なガサ入れが実施されたことがあったのだが、約200名の捜査員が家々を捜索するも窃盗の証拠になるようなものはいっさい出てこず、完全な空振りに終わってしまったと伝えられた。

警察内部に情報提供者がおり、村人たちが事前に証拠品をすべて処分して待ち構えていたとみられている。

「忍の一族ではないか?」

田舎町の小さな集落の人間が組織的に鮮やかな犯行を続けていたことや、警察を煙に巻いていたことなどから、当時は「忍の一族ではないか?」「大泥棒・石川五右衛門の末裔(まつえい)では?」「もともとは大分県から移り住んだ山の民だった」などと、さまざまな憶測を呼んだ。

そんな伝説が生まれてしまうほど「泥棒村」の存在は当時の世間の人々にとって衝撃だった。まさに事実は小説より奇なり、だ。

川崎町は現在も自治体として存続しており、私は「泥棒村」の痕跡を求めて3年前に現地を訪れた。住民が自らの手足の指を故意に切断して保険金を搾取する事件が多発した「指切り村」伝説のある大任(おおとう)町と隣接しており、その時点でオカルト・伝承マニアとしては不謹慎ながら「期待」せざるをえない。

しかし、実際に訪れた川崎町は田園風景の広がるのどかで風光明媚（めいび）な土地だった。周囲の筑豊地方の市町村と同様、炭鉱で栄えた当時をしのばせる産業遺跡が多く存在しているが、現在はすべて閉山。跡地は工業団地などに再利用されている。周りの自治体と比べて、取り立てて大きな違いがあるわけではない。

当然ながら、現在は「万引きグループ」も存在しない。「藤ケ瀬グループ」の逮捕とともに壊滅したのだろう。

だが、現地を歩くと採掘に伴って発生する捨石の集積場「ボタ山」の跡地などが当時の景色を想像させ、廃鉱によって強制的に生業（なりわい）を奪われた人々の怨嗟（えんさ）の声が私に聞こえてきた。

全国を荒らし回った「泥棒村」の万引きグループは、そうした人々の恨みや嘆きから生まれた存在だったのだろう。もし現地を訪れた時は、そのような怨嗟の声に耳を傾けてみると、平和でのどかな景色とは違った一面が見えてくるはずだ。

土偶村

洞穴に並ぶ〝奇形〟をかたどった人形

文・早川 満

２０２０年夏のこと。昔なじみの月刊誌デスクからとある取材の依頼を受けた。奥羽山脈の中腹に10戸ほどが集まる村落があって、そこのルポをしてきてほしいというのだ。明らかにテレビ朝日の番組『ポツンと一軒家』のパクリである。「ネタになるような場所なら、とっくにどこかが取材してるよ」と心の中で毒づきながらも、「反響次第では連載もあるから」という甘い言葉もあり、ともかくこの話を引き受けることにした。

取材用に使っているハイエースに一通りの取材道具を詰め込み、東京から走り出してから1日がかりで目的の村落に。舗装路はなくなり、少しでも気を抜くとハンドルを取られそうになる悪路をゆっくりと進んでいくとようやく人家が見えてきた。

少し離れた場所に車を停めて歩いていくと、木の棒を振り回すようにして遊んでいる4歳ぐらいの男児がいた。

老人ばかりの限界集落と思っていたため、男児の存在を意外に感じながら、まずはその子に声をかけようと近寄っていくと、男児は右の目に眼帯をしていた。

「何をしているの？」

「オニ退治。オニに食べられちゃうから」

こんな山奥にも「鬼滅ブーム」は届いているのかと感心しつつ、「お父さんやお母さんはいまいるかな？」と尋ねると、村落の間を流れる小さな沢を指さした。その子の父親と思しき30歳ぐらいで着古したジャージ姿の男性が木桶で水を汲んでいる。

声をかけ、名刺を差し出すと、男は「俺は難しいことはわからないから話はキヨシさんにするといい」と言って、木桶を置いたまま古い木造の家へ向かって歩き出した。

村全体がひとつの家族

家の中から小柄な老人が出てきてこちらに視線を寄越す。あれがキヨシさんなのだろう。土気色したしわくちゃの顔からすると年齢は80歳ぐらい。「初めまして」と頭を下げると、キヨシさんは無言のままアゴで招くようにしたので家の中へ入っていった。

板張りの部屋の真ん中には囲炉裏があった。それを挟んで敷かれた座布団に腰を下ろしてキヨシさんから聞いた話は以下のようなものだった。

・源頼朝に討たれた義経の勢が落ち延びてここに隠れ住むようになったとする伝承はあるものの、実際にいつからこの村落があるのかはわからない

・現在は11戸が住んでいて人口は46人で、この数は昔から大きく変わっていない

・現在中学生以下の子供は村に7人いて、4人がふもとの学校に通っている

・生活用水は沢から汲み、電気は発電機で賄(まかな)っている

・各家庭は外に働きに行かず、春にタケノコ、秋にはマツタケ、ほかにも山菜が豊富に採れるので、それを町に売ることで生計を立てている

・村全体の共用の小さな田畑があって、そこで自給自足もしている。また猪や熊を狩って食肉にしている

山菜採りや農業、あるいは家事なども各戸で分担しており、川にいた男は各戸に毎日の水を届けるのと、たまに猟銃で獣を狩るのが役割という。自動車も村全

体で一台を共用している。まるでひとつの家族のようでもある。

いまの時間、ほとんどの男連中は山や田畑に出ていて、女は家事をしているということで、ひっそりとした村の中を散策させてもらうことにした。

沢に沿って上っていくと、突如そそり立つ岩壁が現れた。そこには大人が立ったまま入れるぐらいの洞穴があった。覗いてみると中は真っ暗で、スマホのライトで照らしてみると、そこに無数の人形が並んでいた。

土製のその人形は縄文時代の土偶にも似ていて、いわゆる遮光器土偶のような腫れた目をしているものや、片手だけが妙に短かったり、頭がはっきりと窪んでいたりと、それぞれ奇妙な形をしている。大きさも20センチから80センチほどと様々だった。

すぐ頭に浮かんだのは「遺跡の盗掘」だった。東北や北海道には縄文遺跡が多い。山中で発見した遺構から出た土偶をこの村の人間たちは裏ルートで売りさばいているのではないか、と。

犯罪絡みとなると当初の田舎ルポとは趣旨が異なるが、スクープには違いない。車に置いたままだった撮影機材を取りに戻ろうとして踵（きびす）を返すと、先ほどのキヨシさんがこちらを睨（にら）むようにして立っていた。

「この人形たちは何でしょう？」

「……村の人間たちがつくったもんだよ」

そう言われてからあらためて見てみると、たしかにいちばん手前にある頭部だけが異様に大きな土偶は、新品のレンガのようにきれいな赤褐色をしている。

「何のためですか？」と尋ねたが、キヨシさんは「昔からの習わしで、ようわからん……」と口を濁すだけだった。

ともかく、この土偶をはじめにいろいろと村落の写真を撮らせてもらうことにした。「まあそれなりに面白い記事になるだろう」と帰路についたが、結局この記事が世に出ることはなかった。

「鬼に食われる」は間引き

村で撮った写真をパソコンに落として確認したところ、昼間の撮影だったにもかかわらず、そのすべてにいわゆるオーブのようなものが写り込んでいて、まったく使い物にならなかった。

とくに土偶の並ぶ洞穴の中の写真は何も見えないほど光の塊が浮かんでいて、なかには人の顔のように見えるものもあった。

これを見て、かつて民間の古代史研究者から聞いた話を思い出した。
〈縄文期は小さな村落の中だけで暮らしていて基本は近親相姦だったから、そこで生まれる子には奇形が多かったはずで、そうした子は〝間引き〟されることもあっただろう。その供養のためにつくられたから土偶は奇形児をかたどったようなものが多いのだ〉

その時は半信半疑で聞いていたが、あらためて考えると「村人たちだけの半自給自足生活で人の出入りはほとんどない」というあの村落にぴたりと当てはまる。「昔から村民の数がほとんど変わっていない」というのも人為的な人口調整によるものではなかったのか……。

そういえば村で最初に会った子は眼帯をしていたが、あれは最近の患いなのか、それとも生来の障がいだったのか。「鬼に食われる」というのはもしかすると村人たちが間引きのことをそのように称していたのではなかったのか……。

「いっそのこと心霊特集にしてみては」とデスクに提案しようとも思ったが、あの子の行く末を考えたとき、そんな気持ちはすっかり失せてしまっていた。

岩手県遠野市の「座敷わらし」伝説　◆都市ボーイズ・早瀬康広

いまでは幸運の象徴とされ、かわいらしいイメージが強い座敷わらしですが、もともとは間引かれた子供の霊だといわれています。間引かれる子供を家族は「臼殺（うすごろ）」といって、石臼の下敷きにして殺し、土間や台所の下に埋めました。このような悲しい歴史がある座敷わらしですが、岩手県遠野市には現在も伝説や目撃情報が数多く残り、語り部も存在します。座敷わらしがいる家は繁栄し、出て行くと衰退するとされますが、遠野市では家を出るときにしか座敷わらしは見えないと伝わっています。見た直後にその家が衰退していくこともよくあったそうです。座敷わらしを見たときは、家が衰退していく予兆なのかもしれません。

座敷わらし祈願祭が行われている遠野市の早池峯神社

相模湖ジェイソン村

暗闇の廃墟で突然近づく〝何か〟

文・五木 源

日本各地には「ジェイソン村」と呼ばれるいわくつきの恐怖スポットが複数存在する。お察しのとおり、映画『13日の金曜日』シリーズに登場するマスクを被った殺人鬼〝ジェイソン〟に由来し、真偽は不明なものの、殺人事件や惨殺事件、自殺などの物騒な噂とともに都市伝説的に語られている。なかでも神奈川県相模原市緑区に存在する「相模湖ジェイソン村」は、ジェイソン村の元祖ともいわれている有名な廃屋群だ。

同地にまつわる噂は複数存在するが、ジェイソン村となった有力な説は2つ。まずひとつ目は、人間不信に陥った青年が斧で村人を次々と惨殺した挙句、自身も井戸に身投げし命を絶ったというもの。その後、事件現場周辺にホテルが建設されたが、宿泊客より「シャワーから血のような赤い水が出る」という苦情が殺到したり、「排水管から男性のうめき声のようなものが聞こえる」といった噂が相次ぎ、廃業に追い込まれたという説だ。

2つ目は「モーテルの経営者が自殺した」という説。1970年代の空撮写真では11軒の家屋が確認できる。近年現地を訪れた者の証言によれば、廃屋の扉には部屋番号らしき数字が書かれており、各部屋に屋外から直接出入りできるようになっているという。このことから、一般的なホテルというよりも、モーテルやコテージに近い造りであることが推測できる。

蛇腹状の巨大な白門

私と町田（仮名）は、動画配信者として活動している。とはいっても、本業の会社員の傍ら趣味程度に運営しているチャンネルで、登録者数は十数人程度、再生回数も100回いけば上出来といった程度の代物。唯一ヒットしたのはお盆の時期に公開した心霊スポット巡りの動画で、数千回再生された。

それで味をしめ、その後心霊スポットを取り上げた動画を数本公開したが、反応はどれも芳しくなかった。「やっぱり、後追い企画だと弱いかな」と嘆く私に、町田は「じゃあ、神奈川のジェイソン村に13日の金曜日の深夜に行ってレポートするっていうのはどうだ？」と提案してきた。それなら多少特別感が出るだろうと、私もその案を承諾し、13日の金曜日、仕事帰りにレンタカーを借りて現地へと向かった。

「俺らと同じようなこと考えてる配信者と遭遇するかもしれないな」「もしそうなったらコラボ誘ってみようぜ」。そんなことを話しながら、相模湖付近の山間地に到着した。ジェイソン村の近くは車輛が侵入できないようになっているため、少し離れた場所に車を停め、懐中電灯で足元を照らしながら徒歩で向かう。真っ暗な山道の左右は竹藪になっており、月明かりもほとんど届かない。途中、山道にポツンと立っている腰の高さほどの支柱を通り過ぎ、ジェイソン村とされる廃屋群の入り口に到着した。

高さ3、4メートルはありそうな蛇腹状の巨大な白門があり、カラースプレーで落書きがされている。誰かが壊したのか、門の中央には蛇腹1枚分ぽっかりと隙間ができており、その先には暗闇が広がっている。

「さぁ、行くか」

町田が先陣を切ると、門の先はさらに深い藪に覆われていた。かき分けながら前方に進むと、建物が見えてきた。

「あった！」

正面の壁に空いている大きな穴から中に侵入すると、壁紙も天井も所々剝がれ落ち、窓には木の板が打ちつけられはめ殺しになっている。2階もあるようだが、なぜか階段はどこにも見当たらない。併設されたボイラー室の屋根づたいに上れそうではあるが、2人とも運動神経に自信がないためやめておいた。これ以上いても撮れ高は期待できそうにないので、今度は別の廃墟を探すことにした。この2階建ての廃墟のほかに、3棟横並びの廃墟もあるということは下調べ済みだった。

藪の奥から足音

先ほど来た道を戻り、山道を別の方向へと向かうが、絡まりながら生えている薔薇(ばら)のつるが行く手を阻む。中腰になりながら慎重に一歩一歩進むと、今度は平屋の建物が現れ、手前から奥に向かって3棟並んでいた。1棟目、2棟目と入るが、内部は落書きと水回りのタイルの色が違う程度で、2階建ての廃墟と大差はない。

「なんだか拍子抜けだな。じゃあ、ラスト行こうか」

３棟のいちばん奥は、モーテルの経営者が自殺したと噂される廃墟だ。中に入ろうとすると、建物の脇に水場と思しきコンクリート造りの枠があるのを発見した。「もしかして、村人を惨殺した男が身投げした井戸の跡だったりして……」と町田が冗談を言うと、私は「それはないだろ」と苦笑いしつつも、自分の心拍が速くなっているのを感じた。

扉なのか壁なのかもよくわからない穴から中に入ると、大きな落書きが目に飛び込んできた。「この落書きは最近描かれたものだな。やっぱりいろんなやつが出入りしてるなぁ」などと動画用の実況を続ける町田を見守っていると、私は外から「ぴちゃ、ぴちゃ」という水音を耳にした。雨が降ってきたのだろうか。床に視線を落とすと、一面に敷かれたくすんだ赤色のラグが、だんだん血が染み込んでいるように見えてきた。湿っぽいカビ臭さと生き物臭さを混ぜ合わせたような匂いがこの空間に充満しているようだ。気分が悪くなった私は、ひとり先に廃墟を出た。

「あれ？　雨降ってないな」

さっきまでたしかに聞こえていたはずの水音は消え、外は静寂に包まれていた。続いて町田も廃墟から出てきて「このあとどうする？」と声をかける。その時、「ザザザッ！」と藪の奥から音がした。思わず2人で目を合わせる。続けざまに「ガサッガサッ！」と、足音のような音がだんだんこちらへと近づいてくる。

「逃げるぞ！」

どちらからともなく叫び、薔薇のつるをかき分け2人は一目散で走った。藪を抜けたところで、最初に見た2階建ての廃墟が私の視界に入った。自分の向けた懐中電灯の光の加減なのかわからないが、人影が横切った気がした。ぜぇぜぇ言いながら白い門の隙間から外に出て、竹藪の間の道を小走りで進む。そしてようやく、自分たちの車へと戻ってきた。街灯の明るさに安堵し互いをあらためて見ると、手足には薔薇の棘が刺さり、血がにじんでいた。

後日、撮影した動画を見返していると、私が聞いたはずの水音は収録されていなかったものの、藪から近づいてきた「ガサッガサッ！」という音はマイクが録っていた。動画を編集しながら、「あの時、本当に誰かが近くにいたのかな」と町田が言った。私は「さぁ、どうだろうな。熊だったかもしれないし、人だったかもしれないし」と答え、しばらく考え込んだあと、「この動画、お蔵入りにしようぜ」と言った。

2人で動画を撮る機会は徐々に減り、いつしか連絡を取り合うこともなくなっていた。ある日、私はふと思いたち、心霊スポット巡りの動画をネット検索した。すると、最近の日付で「相模湖ジェイソン村」というタイトルの動画が上がっていた。

再生してみると、撮影者は終始無言で、平屋の廃墟3棟を手前から順に回っていた。3棟目を出たところで、「ぴちゃ、ぴちゃ」という水音が聞こえてきた。カメラは、廃墟の脇にあった水場へとアングルを変え、覗き込むような形になる。画面は暗くてよく見えない。灰色のコンクリを映したまま、今度はあの時私が聞いたのと同じ「ガサッガサッ！」という音が近づいてきた。

「うわ、うわー、うわーー！」

音割れするほど異常に大きな撮影者の叫び声だった。

灰色のコンクリ画面が突然真っ暗になり、ここで動画は途切れた。

牛久市ジェイソン村

「火のない所に煙は立たない」恐怖の真相

文・山田ケンイチ

私の友人・唐田（仮名）は、自称・都市伝説マニアだ。テレビやYouTubeなどで、いつも都市伝説系の番組を観ては一人で興奮している。そんな少々痛いタイプの人間だった。

そんな唐田と都内の喫茶店で会っていた2019年の夏、「ジェイソン村」の話を聞かされた。

大量殺人や凄惨な死亡事故が起こり、「ジェイソン村」と呼ばれるようになった場所は、日本全国に12カ所ほどあるという。なかでも「本家」とされるのが茨城県牛久市にあるジェイソン村。

「ここは一家心中事件があった場所で、突如、発狂した母親が一人娘の首を絞めて殺害した。さらに夫を金属バットで撲殺したあと、ナイフで自分の首を切り裂き自害した。もともと呪われた土地だったのかもしれない」

　この場所がほかと比べて特異なのは、ここで起きた事件がこれだけではないという点だ。

「一家心中事件の数年後に起こったことなんだけど、事件後に廃墟になって、地域では誰も近づく者がいなかったこの場所に、暴走族が少女を連れ込み、レイプしたのちに殺した。この殺された少女の怨念が漂っていて、付近を通りかかった人たちからの目撃談が相次いでいる」

　あまりにも典型的な2つの事件設定に、「そんなの単なる噂だろ」と突っ込んだが、唐田は「いや、火のない所に煙は立たない。つまり、事実とは違うかもしれないけど、そこで何かが起こったから噂になるし、都市伝説になるんだ」と。

　唐田は「いまから牛久市のジェイソン村に行こう」と唐突に誘ってきた。幸か不幸か、私たちが住んでいる場所からそんなに遠くない。いまから車で行けば2時間で着く。私は唐田の提案を断れず、2人で牛久市に向かった。

「もう帰ろう」

　わかりにくい、秘境のような場所にあるのかと思っていたが、国道からほんの少し入ったわかりやすい場所で、すんなり目的地に到着した。

周囲は雑木林で昼でも暗いが、特段珍しい雰囲気でもなかった。すぐに2階建ての建物が見つかった。そこには「中島　レス工業株式会社」の看板がついていた。

空白になっているところには「プ」の文字があった跡があり、どうやらプレス工場だったようだ。

唐田の様子がおかしい。「ここで一家心中が起きたのか……」「ここはヤバい。なんか人が殺されたときの念というか、イヤな気が溜まっている」

眉間にシワを寄せてつぶやいている。

ただの都市伝説好きで、霊感なんてなかったはずの唐田が、それっぽいことを言い出した。場所に対してではなく、そのことが私には怖かった。

奥に進むとアパートのような廃墟もあり、工場に勤めていた人たちの寮として使われていたようだった。建物はぼろぼろで、肝試しで来た人間がスプレーで落書きした形跡があちこちにある。

唐田が興奮気味に言い出した。

「ほら、やっぱり暴走族の溜まり場だったんだ。ここに少女を拉致してきて毎日レイプしてたんだよ」

敷地内にはほかにも建物がいくつかあるが、すべて廃墟だった。あとはただの雑木林が広がっており、産業廃棄物でも捨てようと思ったのか地面を掘り返した場所があり、スコップが散乱していた。

さらに奥へと進んでいった唐田が「ひっ」と声をあげた。視線の先に墓場があった。嫌な雰囲気ではあるが、逃げ出したいほどの怖さではなかった。

「これ以上いると少女の霊やジェイソンが出てくるかもしれない。もう帰ろう」

怯（おび）えた様子で唐田は言った。

逆に私は、ここはただの廃工場で、何も起きないだろうと冷静に考え、帰ることに同意した。

ヤクザが管理している場所

帰路、唐田が車を運転し、助手席に座った私は、あのプレス工場はもともと何だったのかが気になり、スマホで調べ始めた。

工場についてはいくつか情報があったが、どれだけ調べてもあの場所で心中事件があったことを伝える記事や資料は出てこなかった。こういう噂話には、たいていモデルとなった事件があるものだが、この場所に関しては似た話もなかった。暴走族の少女レイプ殺害事件も、人間が一人死んだほどの凶悪事件でありながら何も記録はなかった。その代わりに出てくるのは「あそこはただの廃墟」といった情報ばかり。

心霊スポット情報を交換する掲示板でも、「地元の人間だけど、そんな事件のことは聞いたこともない」「あそこはヤクザが管理しているから、うろついてるとトラブルになる」「行ったやつは不法侵入」など、現実的なコメントが並んでいた。

私はとっくに疑っていたが、さすがにこれは都市伝説ですらないと思い始めていた。

そもそも「ジェイソン村」ってなんだ。ジェイソンとは、映画『13日の金曜日』シリーズに登場する殺人鬼だ。今回訪れた牛久市のジェイソン村の噂は一家心中や霊現象で、ジェイソン的な要素はまったくない。それに、行ってみればすぐわかるが、ただの工場の廃墟でしかなく、「村」ですらない。冷静に考えるとすべてが作り話だ。

私は唐田に問いただした。

「ジェイソン村なんて誰が言い出したんだよ。ジェイソン的な要素が何もないじゃないか。全部、作り話だろ」

さすがの唐田も黙っていた。

「いまスマホで調べたらあそこはヤクザが管理している場所なんだって。早く引き上げてよかったよ。心霊現象や呪いよりも、ヤクザとトラブルになるほうが怖いよ」

唐田はまだ黙っていた。

「ジェイソンみたいな顔のヤクザがいて、見間違えたんじゃないの？」

唐田はようやく口を開いた。

「あんな廃墟をヤクザが管理して、一銭にもならない見回りをわざわざする必要があるのかな」

たしかにあんな場所をヤクザが見回る理由などない。

唐田は急に声を大きくして話を続けた。

「火のない所に煙は立たない！　つまり、何かがそこで起こったから都市伝説になる！　ヤクザが見回りをしなくちゃいけない何かが、あそこにはある！　そのためにありもしない恐ろしい噂を流して、誰も近づけないようにしているんだ！」

唐田の大声に驚いた。そして唐田の話に寒気が走った。それ以降、私は黙った。火のない所に煙は立たない——。それが全国にある「ジェイソン村」の恐ろしい真相なのかもしれない。

「一家心中」未遂をした母親の呪いのノート

◆都市ボーイズ・岸本 誠

一家心中の話に関して思い浮かぶのはある呪いのノート。ホームレスの友人が大学ノートを拾いました。彼はホームレスでありながら体調を壊したことがなかったのですが、ノートを拾った日から体調が悪化。ノートの中身はかなり気持ち悪く、「誰かに狙われている」「娘が監視されている」という内容が日記のようにびっしり書かれていました。結局、私がそのノートを引き取ったのですが、しばらく体調が優れませんでした。これは本物の呪いのノートかもしれないと思い、出所を調べたのです。日記には日付や場所がわかる箇所がいくつかあり、新聞記事などと照らし合わせたところある事件にたどり着きました。それは母親が子供を殺し、自分は自殺を失敗してしまった母子心中未遂事件。つまり、私が持っていたノートは娘を殺した母親のノートでした。いまでも私が所持しているのですが、イベントなどで見せると、体調を崩すお客さんもいます。いまだに呪いの効力は続いているようです。

杉沢村

伝説の地に夜現れる「村人たち」の悪霊

文・佐藤勇馬

1990年代のインターネット黎明(れいめい)期から掲示板サイトなどで語り継がれてきた有名な都市伝説がある。無数にある「ネット怪談」の元祖にして代表格といえる存在だ。

かつて、青森県の山中にあった小さな村で「狂った青年が村人全員を殺して自らも命を絶つ」という凄惨な事件があり、住民が全滅した村は廃村になった。事件を隠蔽するため、県の公文書や地図からも抹消された。

廃墟となった村は「地図にない場所」に現存しており、悪霊の棲(す)みかになっている。そして、そこに足を踏み入れた者は二度と戻ってはこられないという……。

その村の名前は「杉沢村」。90年代から2000年代にかけてネット掲示板を閲覧していた人であれば、一度は聞いたことがあるだろう。当時、多くの「潜入リポート」がネット上に書き込まれたが、その大半は真偽の怪しいものだった。

実際、私もずっと杉沢村は典型的なネットロアだと思い込んでいた。誰かが怪談めいた都市伝説の骨子となる設定を書き込み、それに掲示板ユーザーたちが面白がって情報を付加し続けたことで「杉沢村伝説」となったのだと。つまり、杉沢村の実態はネットユーザーの妄想の集合体なのだろうとタカをくっていた。

しかし、私は13年前に本物の杉沢村を訪れている。妄想なんてとんでもない。村の様子はすべてが都市伝説そのまま……。そこで味わった地獄のような体験は、いまでも私の脳裏にたびたびよみがえり、一生忘れられないトラウマになった。

夜しか本物の杉沢村には入れない

太陽が照りつく夏の日、きっかけはオカルトマニアの親友、木嶋（仮名）に誘われたことだった。

「杉沢村の場所がわかったんだ。今度の土日に一緒に行ってみようぜ」

与太話にしか思えなかった。どうせ、ネット掲示板でいい加減な情報をつかまされたんだろうと。そんな話を信じて、青森まで行くなんて正気の沙汰とは思えなかった。

だが、木嶋は真剣だった。掲示板の書き込みではなく、オカルト系のオフ会で知り合った青森出身の男性から直接聞いたというのだ。その証拠として、当時はいっさい出回っていなかった「杉沢村」跡地の写真を見せられた。

杉沢村伝説はいくつかのバージョンがあるが、共通しているのは、村の入口に朽ちた鳥居とドクロのような石がある、村へ向かう道路に「ここから先へ立ち入る者 命の保証はない」と書かれた看板がある、奥に進むと廃屋と化した赤い屋根の住居があって内部に惨劇を物語る血痕が残っている……という3つの設定だ。

木嶋から見せられた写真は2枚。1枚には古びた鳥居とドクロのような石、もう1枚には赤い屋根の廃屋が写っていた。

私は直感した。ただのネットユーザーの妄想ではなさそうだぞ、と。こうなったら断る理由などなく、私は木嶋の誘いに乗って青森へ行くことにした。

杉沢村は実在すると前述したが、地名としては存在しない。村があったのは、青森市小畑沢の小杉地区という場所だ。木嶋によると、古くから村人たちは小杉地区へ行くことを「杉さ行く」と言っていたそうで、それがなまって「すぎさわ」となり、地域で使われる通称として「杉沢」と呼ばれていたという。

車で現地へ向かった私は、再び懐疑的になった。杉沢村があった小杉地区は再開発があったようで、道路はしっかりと整備され、近くには大きなゴルフ場もある。しかし、県道を車で走っていると、いきなり例の「古びた鳥居」を発見してしまい、少々面食らった。

近くに車を停めて確認したところ、鳥居の下にはドクロに見えなくもない石が猿田彦の石板とともに鎮座している。ここで間違いない。

鳥居から砂利道をしばらく歩いていくと、奥の少し拓けた場所に「赤い屋根の家」をはじめとした廃屋も見つかった。しかし、おどろおどろしい伝説のイメージとは程遠く、人の手が入っているため、周辺の農家の倉庫ではないかと思えた。

「都市伝説の正体なんてこんなものか……」

そんな思いが私の胸に去来した。ここに集落があったのは間違いないのだろうが、地図から消された「禁忌の村」だとはとても思えない。鳥居や石、赤い屋根の家があったのは事実だが、そこから妄想をふくらませたものが「杉沢村伝説」の正体なのだろう。

しかし、木嶋はまったく別のことを考えていた。

「ひとまず場所を確認しただけだ。夜に来なければ本物の杉沢村には入れない」

正直、馬鹿馬鹿しく思えたが、せっかく現地まで来たのだから木嶋に従うことにした。

「この世のものではない」村人たち

夜を待って再訪すると、辺りの様子は一変していた。懐中電灯で照らされた鳥居は不気味な佇(たたず)まいでひんやりとした空気が漂い、この世とあの世の境界線のように見えた。

無言のまま、私たちは吸い込まれるように鳥居をくぐって奥へと向かう。昼間は見逃していたのか、砂利道の脇に朽ちた看板があったが、何と書いてあるのかは判別できなかった。私も木嶋も声を発することができず、取り憑(つ)かれたようにただ歩いている。

赤い屋根の家が見えてきた。窓の隙間から中を覗(のぞ)くと、中には伝説のとおりに血しぶきの跡が残っていた。間違いない、私たちは本物の杉沢村に入ったのだ。

そう思った刹那、私たちの目の前に「村人たち」が現れた。銃創で顔面がぐちゃぐちゃになった男、首を斬られた老婆、頭を割られた子供、口から血を流している女……どれも見るも無残な姿で「この世のものではない」と瞬間的に察した。

「生きている者は妬(ねた)ましい……もうお前を帰すことはできない」

彼らは地の底から響くような声でそう言った。その瞬間、木嶋は赤い屋根の家の壁にスッと吸い込まれていった。

恥ずべきことだが、私はそこから逃げた。くぐってきた鳥居に向かって死に物狂いで逃げた。死を覚悟したが、なぜか私は鳥居の近くに停めた車にたどり着くことができた。

すぐに私は警察に連絡し、駆けつけた警察官に木嶋が消えたことを説明した。警察官を伴って「赤い屋根の家」へ再度向かったが、そこには倉庫としか思えない建物があるだけだった。誰かが入った形跡はなく、強引にドアを開けて内部を確認しても誰もいなかった。

木嶋はそのまま行方不明になった。仕事の悩みがあったそうで、最終的に「蒸発したか、どこかで自殺したのだろう」と結論づけられた。

なぜ私だけが助かったのかはわからない。木嶋という生け贄を得たことで「村人たち」は満足したのか、たまたま見逃されたのか。あの悪霊たちのむごたらしい姿と背筋が凍るような言葉、そして親友を見捨てて逃げてしまったことは、永遠に忘れられない記憶になっている。

犬鳴村

人間を破滅させる「日本国憲法が通じない村」

文・梶井光

私は父親が福岡県の地方議員という家に生まれたため、カネには困っていなかった。金持ちの放蕩(ほうとう)息子によくある話だが、享楽の果てに非合法な薬物に手を出していた。

そんな私に後輩の和也(仮名)が「山田さんのところに、近々、ガサ入りますよ」と忠告してくれた。県警本部にいる和也の同級生が情報を流してくれたのだ。私は大量の覚せい剤を定期的に売人から買い込んでいた。さらにそれを後輩たちに売り飛ばすこともしていた。当然、私自身が麻薬中毒者だった。

ガサ入れはおそらく議員である父親のことを快く思わない勢力の差し金だろう。私を逮捕することで、実家に傷をつける目的なのだ。

幼少の頃から父親に「家の名前に泥を塗るようなことはするな」と強く言われ

ていた。逮捕されれば勘当は確実。親のカネで遊んで暮らすことは不可能になる。なんとしてもそれだけは避けたかった。

しかし、完全に麻薬中毒者になっている私が、すぐにクスリを断つのは不可能だった。焦るだけの毎日が過ぎていったが、追い詰められた私は、ついに突拍子もない「策」を思いついた。

「国内に法律の通じない治外法権のような場所はないのか。そんな場所なら誰にもとがめられることなくクスリを楽しめるはずだ」

さすがに半信半疑な気持ちもあったが、私にはこれしかないと信じ、取り憑かれたように探した。そして、根気強く続けたネット検索で、「犬鳴村」なる村の情報にたどり着いた――。

福岡の中心部から車を30分ほど走らせ、宮若市と糟屋郡久山町との境をまたがる位置に犬鳴峠がある。その峠には有名な心霊スポットで、現在はコンクリートによって入り口を塞がれている「旧犬鳴トンネル」がある。峠道を車で登ると、こんな不穏な文言が記された看板が立つ。

「この先、日本国憲法つうじません」

つまり、これより奥に踏み入ると、そこでは法治国家たる日本のルールがいっさい適用されない。勝手に立ち入れば、何人たりとも命の保証はない。この看板こそ日本の行政記録にも地図にも載っていない集落、犬鳴村への入り口にほかならない。

犬鳴村には様々な恐怖の体験談があった。例えば、ある男性が看板の警告を無視して、日没後に犬鳴村に向かって車で峠道を登っていくと、プレハブの小屋を見つけた。すると小屋から斧を持った数人の男たちが飛び出してきて、すごい速さでこちらに向かってくる。慌てて車をUターンさせて、村の入り口まで逃げ戻ったが、車の後部は斧でズタズタにされていたと。

さらに「プレハブ小屋には殺された人間の死体が山積みにされている」「村に通じる一本道には縄と缶によってつくられた侵入者用の罠が至る所に仕掛けられており、罠にかかると斧を持った村人が襲いかかってくる」等々、この手の話は無数に存在する。

背筋に寒気を感じながらも、犬鳴村への興味は止められなかった。治外法権の村が本当にあるなら、思う存分クスリをやれるし、逮捕もされない。この自由への渇望が恐怖を打ち消してくれた。

矛盾するが、私は怪談や呪いの類はいっさい信じない。「日本の法律が及ばない村」という一点だけを信じたかった。思えばそんな妄信自体がクスリの副作用だったのだろう。

斧を手にした見知らぬ男

いよいよ翌週、和也を含めた後輩3人を引き連れ、その村に車で向かった。そして、意外すぎるほど、あっけなく犬鳴村らしき所に着いた。たしかにプレハブ小屋らしき廃屋はいくつかあったが、何てことはない、ただ放置されただけの山奥だった。

「何が犬鳴村だよ。呪い上等だよ～」

プレハブの近くに墓がいくつかあった。それなりの恐怖スポットを期待していた和也たちは、悪態をつきながら墓石を蹴って、笑いながら小便をかけた。それから全員でクスリをやった。最高の気分だった。

残ったクスリはプレハブ小屋に残されていた事務机の引き出しの奥に隠し、私たちは帰宅した。

それから数日後、警察のガサ入れが和也の忠告どおり入ったが、当然、家には何もない。

「どこに隠した！」と何度も問い詰められたが、シラを切り通した。

その後、事情聴取のため任意同行を求められたが、ないものはない。私は1時間ほどで解放された。

それからも私と後輩たちは、ことあるごとに犬鳴村に向かい、廃屋でクスリをやった。売人を呼んで、取り引きもここで行った。女を連れていってクスリを打ってセックスもした。そんなことを繰り返していても、警察からの家宅捜索や出頭命令は二度となかった。本当にここは「日本国憲法が通じない村」なんだと安堵し始めていた。そう、犬鳴村は私にとって天国となっていた。

しかし、なんの前触れもなく恐怖はやってきた。

いつものように犬鳴村で後輩たちとクスリを楽しんでいたある日、突然、斧を手にした見知らぬ男が現れ、とてつもなく大きな、そして不自然な金切り声で叫び始めたのだ。

「この村から――、いますぐ出ていけ――‼」

クスリで頭がはっきりしていなかったが、さすがに危険を感じた我々は、すぐさま車に飛び乗って下山しようとした。しかし、男は斧を振りかざし追いかけてくる。

「早く——、出て行け——！」

男は叫びながら車の後部を斧で切りつけてきた。とにかくアクセルを踏み込む和也。

ネットで調べて知ったこの村の恐怖体験が、いま現実として私の身に降りかかっている！

クスリ漬けだったうえに、パニック状態だった私たちは、車を出したその後、どうやって逃げられたのかまったく覚えていない。ただ、不思議なことに男の斧の臭いだろうか、鉄らしい強烈な臭いだけは、逃げた4人とも覚えていた。

犬鳴村にはクスリを放置したままだったが、その後、あの場所には決して戻らなかった。売人との取り引きも止めた。車の後部座席から振り向いたときに目にした、あの男の形相が頭から離れないのだ。

麻薬中毒者だった私は、禁断症状に苦しんでいたが、酒で何とかごまかしている。

それでも犬鳴村のことがどうしても気になった。私は父親のツテで郷土史家を紹介してもらった。どうしても犬鳴村の話を聞きたかったのだ。

「たたらの民」の怨霊

数日間にわたって郷土史家から聞いた話を要約する。

江戸時代中期に国井大膳という人が著した地誌『犬鳴山』には、〈往昔ハ当山の諸木立茂る事如麻竹のして良材多し、白昼と云共山中昏闇、狩人の外往向人稀にして、猪鹿猿狼のミ多し〉（原文ママ）との記述がある。つまり、山は多くの木々に恵まれ、山中は闇の中にあるかのように薄暗く、その豊かな自然環境で多くのイノシシやオオカミが生息している。

この豊富な天然資源に目をつけたのが、筑前国福岡藩初代藩主の黒田長政。長政は藩主として数々の産業を奨励したことで知られるが、その一つに製鉄があった。古代から近世にかけて発展した「たたら製鉄」は、木炭と砂鉄を燃やして鉄を取り出す製鉄法だ。当時、近くの福津市では砂鉄がよく採れ、犬鳴山の良質な木材は燃料としてうってつけだった。

そこで黒田長政は、たたら製鉄の先進地だった石見国（現・島根県）津和野から多数の専門の職人を招聘し、犬鳴山中に彼らの住居12軒を建て、たたら場（砂鉄から鉄を取り出す作業を行う製鉄所）をつくった。こうして藩の工業を発展させようとした。

しかし、自然を破壊して鉄をつくる「たたらの民」は、当時の日本社会では卑しい職業とされていた。とくに先祖代々、その土地に根づいてきた農民たちは彼らを蔑んで交流を拒み、いわれのない差別のなかで、たたらの民は次第に孤立を深めていった。

犬鳴山中には、無念のなかでこの世を去ったたたらの民を弔う「旅人墓（どじんばか）」と呼ばれる墓がいまも6～7基ほど残されている。しかも「触ると祟る」という信じがたい理由から、現在にいたるまで誰もたたらの民を祀（まつ）ろうとしていないという。

さらに、犬鳴村には別の「闇」もあったと郷土史家は教えてくれた。もともと犬鳴村は流行病（はやりやまい）の患者などが集められた村で、村人は江戸時代から周辺の地域からひどい差別を受け続けてきた。そのため、村人たちはきわめて排他的となり、外部の人間との交流を完全に閉ざしてきた。たたらの民を差別した村人たちもまた、差別される存在だったのだ。

郷土史家の話を聞き終わった私は、背筋が凍っていた。斧を振りかざして襲ってきた男は、「たたらの民」の怨霊だったのだろう。あのとき嗅いだ鉄の匂いが鼻腔に充満する感覚に襲われた。さらに恐ろしいことに、私たちはおそらく、「旅人墓」を蹴り、小便までかけている……。

――現在、私はクスリの件で逮捕はされていない。しかし、和也はクスリの後遺症であっけなく死んだ。最後まで斧の男の幻覚と強烈な鉄の匂いの幻嗅に苦しんでいた。そして、私の父親は流行病の感染症にかかって入院し、重度の呼吸器不全に苦しんでいる。父親が死ねば私の人生は破滅するだろう。毎日、禁断症状で見る幻覚は、誰からも相手にされず、蔑まれながら死んでいく私の姿だった。

犬鳴峠で起こった不気味なカーナビの怪現象

◆都市ボーイズ・岸本 誠

犬鳴村に関してある恐怖体験を聞きました。15年前の冬の夜、カップルが九州をドライブしていました。帰り道、渋滞にはまったので指定された迂回ルートを走っていたところ、犬鳴峠付近に出ました。彼女は犬鳴村の話を知っていたのでカーナビに表示された「犬鳴峠」を見て驚き、彼氏にルートを変えるようにお願いしました。彼氏がルートを再検索しようと改めてカーナビを見ると、当初の目的地が明らかにおかしい。墓石の前に蠟燭が立ち、炎が揺れている見たこともないアイコンが目的地として設定されていたのです。慌てて目的地を変え、急いで帰宅しましたが、2人はいまでも「墓石の場所が犬鳴村だったのでは……」と信じているのです。

白子村

九十九里浜にいまも残る「44歳で死ぬ」呪い

文・桜木ピロコ

怖い話には近づかないようにしている。それがどんな些細(ささい)な話でもだ。聞かない。見ない。話さない。そう決めている。そんなきっかけとなった私の体験――。

子供の頃は怖い話が好きだった。お化けの話や伝説。地方の言い伝えが書かれた本を夢中になって読んだ。昔は、テレビでも怖い話の特集をよくやっていて、わくわくしながら見たものだ。すごく楽しかった。

心霊本、ホラー映画、YouTubeの怪談動画、ネットフリックスの超常現象特集。時間があれば、毎日、何かしら怖い話を読んだり、映像を観たり、聞いたりしていた。そんなことをしているうちに、どんな怖い話を聞いても、まったく刺激がなくなり、つまらなくなってしまった。

もっと、怖い話を聞きたい。知らない話を聞きたい。そう思って、数年前から怪談ライブに通うようになった。

初めはよかった。普通そうな人たちが世に出ていない怖い話を目の前でしてくれる。面白くて、時間がたつのが早かった。

「それで、千葉県の九十九里の海岸で、同じ年に3件の焼死体が見つかるっていう事件があったんですよ。死んだ理由も出身地もバラバラ。でも、不思議なことに年齢が3人とも44歳。死因も焼死と、そこだけが共通していたらしいんです。その海岸にあった鳥居を壊した祟りで呪われた。なんて言われているそうですけど、なんなんでしょうね。だから、44歳になったらその海岸に行ってみようと思っているんですよ。もし、行方不明になったらそういうことです。楽しみにしていてください」

人気の怪談師がそんな話を聞かせてくれた時、これは行かなければならないとひらめいた。

目印は白っぽい鳥居

九十九里浜は子供の頃、家族で何度も行っているし、都心からそう遠くもない。山の中の心霊スポットみたいに虫もいないだろう。行ってみたい。もう、話を聞いているだけじゃ満足できない。実際に恐怖の現場を見てみるのだ。そうすれば、胸の辺りがきゅーっとし、全身鳥肌が立つ、あの興奮を味わえるに決まっている。

怖い話に興味はないが、車を持っていて、誘いを断らない島田（仮名）という知人男性の運転で、その友人の高木（男性・仮名）と3人で九十九里に向かった。

途中の道路には子供の頃、九十九里に行く途中によく見た「キジセンター」という廃屋がまだあった。全然変わってない。要は田舎なのだ。

「1982年1月18日。午前7時50分頃。千葉県長生郡白子町の浜宿海岸にて、焼けただれた車を散歩途中の男性が目撃。トランクからは、半ば白骨化した遺体が発見された。状況から他殺。被害者のA子さん（44歳）はバー経営、金融業や飲食業を展開する実業家。未解決。同年4月6日午前7時半頃。燃えている車を発見。バス運転手Bさん（男性・44歳）の遺体を発見。遺書あり。自殺。同年同月21日午前7時50分頃。炎上している車から会社員のCさん（男性・44歳）の遺体を発見。自殺」

前情報として、ネットで仕入れた情報を2人に話して聞かせた。

「で、それ以降、その海岸で、人のうめき声が聞こえたり、女の人の幽霊が出たりするんだって。心霊スポットの噂が広まったからか、いまでは〝浜宿海岸〟って名前は地図からなくなってるって。〝南四天木海水浴場〟辺りの近くで、目印は白っぽい鳥居だよ」

1月の凍てついた空気。空はとても澄んでいて、東京とは比べものにならないほどの星が見えた。

意外なほどすんなりと白っぽい鳥居は見つかった。広い砂浜に真っ黒にしか見えない海。ゴォゴォという風の音と波の音。それだけで恐怖と焦燥感が体中をかけめぐる。島田、高木の2人も同じ感覚なのか言葉をなくしていた。

「左の耳が変。ぼわんとして聞こえない」

「いや。キーンって耳鳴りが止まらない」

あまりの寒さにその場にとどまっていることができず、私たち3人は海岸や鳥居、近くのトンネルをうろうろとした。

「帰ろうか」

幽霊が出ると噂の心霊スポットに夜いるというだけで十分に恐怖を味わえたので、その日はそのまま帰宅することにした。帰路事故にあうこともなかった。特別なこともなかったし、仲がいい3人というわけでもないので、連絡を取り合うことなく数日が過ぎた。

白い赤子で〝白子〟

唐突に島田から電話があった。

「あのさ。高木いるじゃん？　この間九十九里に行った。実はさあいつ、あれから異常にあそこの心霊スポットのことを調べ出したんだよね。で、友達の親かなんかが千葉のあの辺り出身だったらしくてさ、聞いたんだって」

「何をよ」

「いやね。あの鳥居の呪いで焼死体が出た、とかって話だったじゃん。それね、逆らしいよ。あの鳥居があの辺りの呪いを抑えてたんだって。昔って、障がいがあったり双子だったりすると、その赤ちゃんをね、あの辺りから海に流してたんだって。溺死体って白いじゃん。白い赤子で〝白子〟。白子村ってあの一帯を呼んでたのが地名の由来らしい。本当は焼死体なんか出る前から地元民たちは近寄らない海岸だったんだって」

高木が急にあの心霊スポットについて調べ出したのには、理由があった。

高木の連絡先を聞いて直接会えないかと頼むと「むしろ話したい」というので、

後日、高木に会って話をきいた。

「耳が変って言ってたでしょ。あの時さ、俺、頭の中にパッ、パッッて変な映像が浮かんでたんだよ。下着姿のぼろぼろの女の人。髪の毛もチリチリで、体が真っ黒。肉が溶けて骨が飛び出てた。頬の肉もなくて、目も真っ黒。それが頭の中に点滅する映像みたいに、浮かんで消えて、浮かんで消えてって繰り返して。怖くて、頭おかしくなったのかとか、思い込みすぎかとも思ったんだけど」

自宅に着いた高木は夢を見たそうだ。

「とにかく真っ暗で。海岸で頭に浮かんだ女の人が『焼死は溺死と同じくらい苦しい』って俺に言うんだよ。最近、あんまり眠れなくて。それに、夜になるとあの海岸に行きたくて行きたくてしょうがなくなるんだ。酒を飲んだり、音楽をかけたりして、なんとかごまかしてたんだけど、最近じゃこうやらないと自分を抑えられない」

高木の左腕の内側はライターででもあぶったのか、赤黒いやけど痕が無数についていた。

あの白っぽい鳥居は、海難除けのためとされるが、本当のところは何を鎮めているのだろうか。焼死体が見つかったあと、あの海岸では確かお祓いも行われたはずだ。

「効かないんだ。そういうの」

おかしくなった高木を見て私はそう思った。人の怨みや怒りは何をしても消えないのだ。それを晴らすまでは。

高木と会った数日後、島田と会った。

「最近、高木、すごくおかしくなってさ。『終わらない。ずっと終わらない』って言いながら、『出られない。出られないよ』って自分の部屋の中をぐるぐるぐるぐる回ってんだよ。それを見てるこっちが怖くなったわ」

島田がお前のせいだといわんばかりに睨(にら)みつけてきた。

小さい村や集落で起こった事件は解決しないそうだ。なぜならみんな仲間だから。みんな口をつぐむから。そうなると、もし、あの一帯に何か原因があるとしても、これからもずっとそれはバレないし、解決しないのだろう。

告白すると、高木が44歳であることは知っていた。そして、2人に焼死事件のあらましを聞かせる時に、被害者の共通点は「みんな42歳」と、私は嘘をついた。口をつぐんでいればバレない。高木は、ネットで調べて被害者の本当の共通年齢が44歳と知ったのだろう。

これ以降、私は怖い話には、いっさい近づかないようにしている。

「津山三十人殺し」の村

現在も残る「大量殺人事件」の深い爪痕

◆都市ボーイズ・早瀬康広

私の出身は岡山県津山市です。津山市は人口約10万人の地方にしては大きな都市ですが、私の実家は市の中心部から車で30分ほどいった山間部にありました。周りは山だらけで、家も数十軒しかありません。そのため、市内といえども生まれ育った環境は村のようなコミュニティに近いのです。

村社会のきらいが強いため、本書で紹介されているような変わったしきたりも多くあります。例えば私の住んでいた地域には絶対に参加しなければいけない祭りがあり、参加しないと村八分的なことをされます。花火をあげるくらいの普通の祭りなのですが、みんなで楽しむべきときに寄り合いに顔を出さないのはよろしくないというしきたりでした。

また、近くには少し恐ろしい、変わった人が多く住んでいる地域もありました。

そこは、小さい時から大人から絶対に行ってはいけないと言い聞かされていた場所です。私は一度だけ訪れたことがあるのですが、夜中に数人の大人たちが異様なほどの大声で、笑い続けながら犬を散歩させている光景を見てしまい、とてつもなく恐ろしかったことを覚えています。

田舎特有の陰鬱（いんうつ）な噂話も日常茶飯事で、そういう話をしている場面も多く目にしてきました。ただ、そのなかでも地元では決して話してはいけない、それこそタブーとされているのが津山事件です。東京では政治、宗教の話はしてはいけないとよく言われますが、津山市では津山事件が禁止ワードでした。

津山事件は「津山三十人殺し」とも呼ばれ、1938年に現在の津山市加茂町行重で発生した大量殺人事件。犯人は都井睦雄（といむつお）という当時の加茂村に住んでいた男性です。比較的裕福な生活をしていた都井は、小学校を卒業する頃に肋膜炎（ろくまくえん）を患い、医者から農作業を禁止されます。そのせいで無気力な生活を送っていたといいます。すぐに病気は快方に向かいましたが、学業を嫌い、家に引きこもるようになったそうです。

その後、都井は徴兵検査を受けたものの結核を理由に事実上の不合格に。当時の男性にとって徴兵に受かることは強い男の証明でもありました。しかし、それに落ちたことや結核と診断されたことから村人から拒絶されるようになります。

当時、この地域では夜這いの風習があり、都井も何人かの女性と肉体関係を持っていたそうです。ただ、都井は女性に断られることも多かったようで、その鬱憤もたまっていたのでしょう。関係を持っていた女性からも徴兵検査の不合格後に拒絶され、村人からの差別や嘲笑もあり、彼の自尊心はズタズタになっていたのかもしれません。

その後、都井は散弾銃や日本刀などの武器を準備し、入念な犯行計画を立て、自分を馬鹿にしていた村人たちへ復讐の機会をうかがっていました。そして、以前、懇意にしていた女性が嫁ぎ先から里帰りした1938年5月21日に復讐を実行したのです。

まず、都井は前日20日の夕方に村へ電気を供給する送電線を切断し、集落を停電させます。村人は停電に関してとくに不審がらなかったといいます。当時、停電は頻繁にあったのでしょう。そして、電気がつかず、真っ暗になった翌21日未明に詰襟の学生服に軍用ゲートルと地下足袋を身につけ、頭にはちまき、その両側に小型懐中電灯を1本ずつ結わえた出で立ちで次々と集落の11軒を襲い、村人30人を殺害しました。被害者のうち5名が16歳未満で5歳の子供も犠牲になりました。犯行時間は約1時間半。改造した猟銃と日本刀、斧などを使い復讐を遂げた都井は付近の山中で遺書を書き、自らの心臓を猟銃で撃ち抜いて自害しました。

被害者の血縁者が身近にいる

これが津山事件の概要とされていますが、都井が自害したことから動機など詳細は不明で、創作された部分もあるといいます。日本のみならず世界的にも稀に見る凶悪事件ですが、私が詳しい事件の内容を知ったのは18歳で上京したあとのことです。私の出身である地域と津山事件が起きた集落は車で20分ほどの距離にあるにもかかわらず、私は世間の人よりもこの事件について知りませんでした。

オカルト好きから津山事件は人気がありますが、そのことも地元を離れてから知りました。津山事件のマニアは日本だけではなく海外にもいます。なかには「私たちが殺せないぶん、多くの人を殺してくれた」という異常な考えを持った都井の信者もいて、彼らの存在を初めて知ったときは驚きました。

なぜ、津山市民だった私がこの事件についてあまり知らないかというと、先ほど述べたように津山では津山事件の話題はタブーとされているからです。

私と岸本さんが都市ボーイズとして、地元の祭りである「津山さくらまつり」

にゲストとして呼ばれたことがありました。怪談を話してくれというオファーだったのですが、「怖かったらなんでもありです。ただ、早瀬さんはわかっていると思いますが津山事件だけはなしでお願いします」と釘を刺されました。それくらい津山では根深いタブーになっているのです。

なぜここまで口を慎むのか。それは津山事件の被害者の血縁者が身近にいるからです。それで津山の人たちは気をつかって話さないようにしているのです。また、ひいおばあちゃん、ひいおじいちゃん世代は事件の銃声を実際に聞いているのです。当時は、洗濯板の水を切るため、板を地面に叩きつけていたそうですが、私のひいおばあちゃんは銃声は洗濯板を叩く音にそっくりだったと言っていたそうです。リアルな記憶だからこそ、高齢者に事件のことを聞くと嫌な顔をされることが多いのです。

一方で、津山市以外だと津山事件を商売に利用している地域もあります。津山事件は小説の『八つ墓村』（横溝正史）や『丑三つの村』（西村望）などの元ネタになっているため、小説や映画化作品のファンが多いのです。岡山県内の映画のロケ地ではそうしたファンに向けて、お土産を売ったり、事件の解説文、映画撮影時の写真を飾ったりしています。

津山では事件に関して気をつかう人間が多いのですが、市外になると割り切っている人間が多くいるのです。意外なことに事件現場となった現・加茂町の多くの住人は割り切って考えているようで、津山事件を目当てに訪れた旅行者に事件に関連する様々な場所を紹介してくれることもあるそうです。

また、都井が犯行時に通ったとされる坂道の候補が2つあるのですが、「どちらを都井が通ったか？」という論争も地元ではありました。異常なことですが、犯人が通った坂道ということで、ファンにとっては聖地になります。このように、津山市民が変に事件現場となった加茂町の住人に気をつかいすぎている側面もあると、大人になってから気づきました。

夜中に聞こえる銃声や叫び声

私が初めて津山事件のことを聞かされたのはおばあちゃんからでした。簡単な概要だけで詳しいことはまったく教えてくれませんでしたが、「こういう事件があったけど、誰かに言っちゃだめだよ」と言われました。「じゃあ、教えるなよ」とその時は思ったのですが、中学生時代に友達と津山事件について話していると隣にいた同級生に「被害者は僕の祖先なんだ」と言われたのです。「話してはいけない、とはこういうことか」とその時実感しました。おばあちゃんはひいおばあちゃんから事件の詳しい様子を聞いていたようですが、私がいくら聞いても決して教えてくれませんでした。

そんな津山事件に関連して、私の身近で不思議なことが起きたのです。保育園と中学校が同じだった同級生に家がとても貧乏なある男の子がいました。「こいつんち、ウチよりもお金ないんだな」と保育園児の私でもわかるくらい、一目瞭然だったのです。

なぜかというと彼の家は戸がなくて、屋根がブルーシート。家の中も板間がなくて土間なのです。地面に石材を置いて、その上に柱を立てて、ブルーシートをかけたようなつくりで、家というよりテントに近かった。そこに彼と両親、おじいちゃん、妹と弟が4人の家族8人で住んでいました。

「コイツむちゃくちゃ貧乏やな」と思っていたのですが、久しぶりに再会した彼と中学校で仲良くなりました。当時から私は心霊やオカルトが好きだと公言しており、それを聞きつけてか、彼があることを伝えてきたのです。

「実は家で寝ていると、夜中に銃声や叫び声が聞こえてくるんだよ。叫び声は一人じゃなくて、大勢の若い人や老人の声が混じっているんだ。それもおどかされたような『うわっ』て声じゃなくて、何かから命からがら逃げているような『うわあああ！』って声なんだよ。これは家族全員に聞こえている。夜中だけじゃなくて、日中も聞こえるんだけど、その時に遊びに来ている友達や知り合いには聞こえてないみたいなんだ」

真剣には聞いていましたが、私は内心、隙間風や家が軋む音を銃声や叫び声だと聞き間違えているのだと思っていました。なにしろ、彼の家は尋常じゃないほどぼろぼろだったので。

また彼の家族は不自然なほど多くの不幸に見舞われていました。おじいちゃんだけを残して、引っ越したものの、引っ越し先で火事にあい、数年で元のぼろ家に戻って来ました。まるで家に吸い寄せられているかのように。

さらに、不可解な事故で一生残るようなひどい怪我を負った家族もいました。同級生の彼も地域で偶然、刺殺体を見つけて殺人犯と間違われたり、その後もグロい焼死体を見てしまったりなど死にまつわることによく遭遇していたのです。はたから見ていてもかわいそうな境遇でしたが、中学卒業後は自然と彼とは疎遠になり、私は上京してしまいました。その頃には、彼の家のことも、彼が話してくれた不可解な恐怖現象のこともすっかり忘れていたのです。

夜毎、再現される津山事件

上京してしばらくたった頃のことです。私が放送作家やオカルト系の仕事をするようになっていたある日、「あんた、仕事で怖い話集めてるらしいな」とおばあちゃんから電話がありました。白蛇がどうしたとかどうでもいい話を最初は聞かされていたのですが、後半でおばあちゃんが「あんたの同級生の廃墟みたいな家があったじゃろ。あっこのおじいさんのうなった（亡くなった）んよ。家族はみんな引っ越したから、あっこはほんとに廃墟になってん」と話し出しました。

そういえばそんな家があったなと思い出していると「話はこっからでな」とおばあちゃんは話を続けました。

おばあちゃんの話によると、津山事件の犯人、都井の家の敷地はかなり広く、納屋もあったといいます。都井の家を村に残したままだと怖いからと、事件後に更地にしようという話になった。でも、事件を知る地元の解体業者も恐ろしくて誰もやりたがらなかったというのです。それで、ひとまず納屋や家を勝手に解体して木材などの資材を誰でも持って帰っていいことにしたそうです。当然周囲の住人は気味悪がって持ち帰らなかったらしいのですが、ある男が「都井の家だろ

都井睦雄の生家の納屋をバラした木材で建てた、筆者の同級生家族が住んでいた家

うが関係ない」と納屋をバラバラに解体して木材を持ち帰った。その男が持ち帰った木材でつくったのが、私の同級生の例のぼろぼろの家だったというのです。おばあちゃんは「それが事件直後なのか、しばらくしてからなのかは覚えてないけど、そういう経緯で建った家なんよ」と教えてくれました。

私は中学校の頃に彼が話していた心霊現象を思い出し、「もしかして彼が家で聞いていた銃声や叫び声は『津山事件の再現』だったのではないか」と考えました。

よく事故物件で首を吊る霊や、何度も飛び降り自殺をする霊が見えるという話を聞きます。それと同じように、木材に残留思念や殺された人の無念さ、憎しみが込められていて、住んでいる人に伝えていたのだと思います。この予想だと、持ち帰った男の血族だけにしか叫び声や銃声は聞こえず、部外者には聞こえないという点も妙に納得がいきます。彼の家では夜毎、あの津山事件が再現されていたのです。

彼のおじいちゃんが亡くなり、引っ越した家族はそれまでの不幸を取り戻すように幸せになったそうです。私の同級生も結婚して、新居を構えて暮らしています。彼の家族はようやく津山事件の〝呪い〟のようなものから解放されたのだと思います。

いまも地元にいる犯人の末裔

発生から90年ほどたった津山事件ですが、地元ではいまなお深く関係は残っているといいます。例えば、私の知り合いは犯人の都井の末裔と職場が一緒だったことがあり、この知人によればその末裔の男性は少し危ない人だったそうです。

都井という苗字は地元だとやはり「あの都井」だと事件の犯人に直結されるのですが、私の知人も男性に「もしかして、あの都井さんですか」と聞いたらしいのです。すると彼はあっけらかんとして「そうですよ〜。あの都井の血筋です。いや〜、有名で。ははは」と答えたといいます。知人はその様子に不気味さを感じたそうですが、その後もいろいろと事件が起こりました。

当時、知人と末裔男性は屋根に瓦を敷く仕事をしていたのですが、末裔男性は苦労して並べ終わった瓦を急にケラケラと笑いながら、そこら中に投げたそうです。またあるときは、末裔男性の運転で車に乗っていたところ、急に歩道に乗り上げたかと思うと、そのまま歩道を走り出したというのです。このままではいつか殺されるんじゃないかと命の危機を感じた知人はすぐに仕事を辞めました。

でも、地元ではこの末裔男性をクビにできないらしいのです。「事件でいろいろ言われて、かわいそうな人」と見られているので、住人はみんな腫れ物に触るように接しているといいます。結局、末裔男性は自分からその仕事を辞めてしまったそうです。

私は「犯人の末裔だから、ちょっと変わっている」と結論づけるのは早計だと思います。街中にいる変な人がたまたまその末裔男性だったという可能性もありますから。ただ、周囲はどうしても津山事件と結びつけてしまうので、そういうことからも事件の影響はいまだに地元では色濃く残っているといえます。

また、津山市民の市民性の形成にも事件は関係していると思います。あまり自分のことを明らかにしない特徴は、津山事件を話さないことと結びついているのではないかと。子供の頃に何かひとつ話しちゃいけないことを背負うと、自然とほかのことも話さなくなりますから。また、津山出身というと事件のことを必ず聞かれます。それが嫌で市外の人と積極的に関わる人が少ない印象もあります。その証拠に私の同級生たちはほとんど地元に残っています。

このように現代でも津山事件の影響はあるのです。もしかしたら、都井家の木材がまだどこかで使われているかもしれない……そう考えると怖いですね。

第二章

怖い禁忌地帯

つけび村

「山口連続殺人放火事件」現場に残る怨念

文・山田剛志

「つけびして 煙り喜ぶ 田舎者」

この意味深としか言いようがない川柳の詠み手は、保見光成。2013年7月21日に起きた「山口連続殺人放火事件」で、一晩のうちに5人の男女を撲殺し、そのうちの3人が住んでいた家屋2軒に火をつけた罪で、現在（2022年10月）は死刑囚として東京拘置所に収監中の男だ。

事件の現場は、山口県周南市の市街地から30キロほど離れた、須金地区の郷集落。当時、人口わずか12名、半数以上が70歳以上の限界集落であった。住人の一人であった保見は事件発生直後に姿をくらませ、自宅の窓には犯行をほのめかすような文言が張り出されていたことから、容疑者として一斉捜査の対象に。

たった8世帯・12人しか住んでいない村で住人の3分の1以上が殺害され、容疑者とされる男の家には不気味な張り紙。事件当日は参議院選挙の投票日であったが、マスコミは選挙に関する報道そっちのけでこの事件を取り上げ、ミステリー小説さながらの筋立てを面白がったネット民たちの間で、「平成の八つ墓村」と話題になった。舞台となった限界集落は、犯行声明の川柳にちなんで「つけび村」と呼称されるようになった。

事件発生から4日後、事態は急展開を迎える。集落近くの山中で容疑者である保見の携帯電話やズボン、シャツが見つかり、その翌日の早朝、素足にパンツ一丁という奇矯な風体で佇(たたず)んでいた本人が発見されたのだ。山口県警はさらに、側面に「ホミ」と彫られたICレコーダーが山中に落ちているのを発見。その中には、切羽詰まったような声で以下のような言葉が残されていたという。

〈ポパイ、ポパイ、幸せになってね、ポパイ。いい人間ばっかし思ったらダメよ……。オリーブ、幸せにね、ごめんね、ごめんね、ごめんね。うわさ話ばっかし、うわさ話ばっかし。田舎には娯楽はないんだ、田舎には娯楽はないんだ。ただ悪口しかない。お父さん、お母さん、ごめん、ごめん。お姉ちゃん、お姉ちゃん、お姉ちゃん、ごめんね。……さん、ごめんなさい……。これから死にます。犬のことは、大きな犬はオリーブで〉

ベニヤ板でできたボロボロの一軒家

事件に興味を持った私はこの「つけび村」に実際に足を運んだ。東京駅から新幹線に揺られること約5時間。JR徳山駅に到着し、車を借りるためレンタカー屋に立ち寄ると、まだ20代と思しき若い女性店員が元気いっぱいに応対してくれた。

「どちらに行かれる予定ですか？」

「つけび村に」

「つけび？」

「つけび村」はあくまで俗称であって、正式な地名ではないのだった。

「ここから1時間くらいの場所にある、金峰地区に行こうと思って」

そう口にした瞬間に女性店員の顔がやや曇る。

「肝試しか何かですか？　あの辺りは携帯電話も通じないですし、あまりお勧めしませんけど……」

まさか携帯電話が通じないとは思いもよらず、私は動揺を隠せなかったが、なんとか取り繕い、車を借りるための手続きを終えた。

徳山駅の周辺には商業施設やホテルがズラリと立ち並んでおり、観光客らしい人影もチラホラ見えた。しかし、目的地に向けて車を10分ほど走らせると、あっという間に人気はなくなり、視界には鬱蒼とした林が広がり始めた。集落までかなりの距離があるにもかかわらず、すでに自分の中で引き返したい気持ちが芽生えているのを感じる。せっかく来たのだからと気を取り直し、車を走らせること1時間。ようやく「つけび村」の入り口に着いた。

スマホに目をやるとアンテナは3本ともばっちり立っている。レンタカー屋のお姉さんはきっと私のことを心霊スポットマニアだと見込んで、サービスのつもりで怖い冗談を披露してくれたのだろう。

車を降りて、背の高い雑草が生い茂る薄暗い道を進むと、「公民館」という表札がかけられた木造の平屋が見えてきた。報道によると、犯人が逮捕されるまで村民たちが避難していた場所だ。建物の周りをうろうろしていると、中から不意に80歳くらいの老女が出てきた。

「うわあ！」

駅で車を借りて以来ほとんど人と行き交うことがなかったため、私は思わず大きい声を出してしまった。老女はこちらに鋭い視線を向ける。

「よそ者か。こんなところに何しに来よった」

「いや実は……例の連続放火事件に興味がありまして」

「マスコミか。保見の家ならあの丘の上にあるで」

老女が指し示した先には、茶色のベニヤ板でできたボロボロの一軒家があった。老女に丁重にお礼を言い、早速近づいてみると、玄関には「保見」と書かれた表札がある。犯人の家に間違いない。玄関の右横には出窓があり、ここは事件発生当時あの川柳が貼られていたところだ。

窓から家の中を覗（のぞ）くと、横倒しになったブラウン管テレビに酒瓶、段ボールなどが散乱している。警察が家宅捜査を行ったままの状態なのか、興味本位で訪れた外部の人間が荒らしていったのか、とにかくひどい有り様だった。

「あれは正真正銘の鬼じゃ」

西日が差してきた。目的は達したので、暗くなる前に帰ろうと車を停めた集落の入り口に足を向けると、先ほどの老女に再び出くわした。

「先ほどはどうも」

「少し話していかんかね」

こんな気味の悪い村からは一刻も早く出たいと思っていたので迷ったが、好奇心が疼き、少しだけ公民館で話を伺うことにした。

事件当時、老女はたまたま縁戚の家にお世話になっており、村にはいなかったというが、犯人のことは昔から知っているという。

「保見はよく犬を散歩させよった。会うと『お前ら全員殺してやると』と言いよった。みんな怖いから関わらんかった」

ぶっきらぼうながら実感のこもった言葉で犯人について語る老女に質問を投げかけてみた。

「保見は村八分の憂き目にあっていたという報道がありますが……」

そう口にした途端、老女は急に黙り込んでしまい、申し訳ありませんでした。

「部外者が差し出がましいことを言ってしまい、申し訳ありません」

「殺された人間がどんなに苦しかったかお前はわかっちょるのか。全身を鈍器で滅多打ちにされ、意識を失ってもまだ殴りよる。そのうえ、燃やしちまうなんて人間の仕業とはとても思えない。あれは正真正銘の鬼じゃ」

まるで殺人現場を見てきたかのような老女の熱い口調に私は気圧され、何も言えなくなってしまった。外はすでに日が落ちてしまっており、そろそろお暇しようと意を決して立ち上がると、老女が再び声をかけてきた。

「もう少し話を聞いていかんかね」

「いえ、もう暗いので帰ります。貴重な話を聞かせていただき、ありがとうございました」

公民館を出ると、街灯もなく辺り一面は真っ暗だった。懐中電灯の代わりにとスマホを取り出す、電波は圏外になっていた。レンタカー屋のお姉さんの忠告は本当だったのだ。

スマホの灯りを頼りになんとか車を停めた場所にたどり着くと、懐中電灯を手にした警官が怪訝(けげん)そうにレンタカーの中を見ている。

「どうしましたか?」

「ああ、あんたの車か。こんな所に車が停めてあることなんて滅多にないから気になってね。ここで何をしてた?」

「つけび村」の事件を調べるために集落を訪れたこと、公民館で老女から事件の話を聞いたこと、すべて正直に話した。

「そうか、しかしおかしいな。この集落にはまだ何人か人が住んではいるが、女性は一人もいないはずだ。少なくともあの事件が起きてからは……あれ、あんた、大丈夫か！」

「……」

このとき、私の全身は警官が驚くほどに硬直していたという。

果たして、私が話した老女は、いったい何者だったのか……。

上九一色村

リンチ殺害された「オウム信者の霊」の呪い

文・山田剛志

カナリアの入った鳥かごを持ち、防毒マスクを装着した捜査員たちが列をなして怪しい施設に突入していく――。

オウム真理教による「地下鉄サリン事件」が発生し、警察によるオウム施設（通称「サティアン」）への一斉捜査が行われた１９９５年、私は12歳だった。ブラウン管の前で事件の様子を茫然と見守っていた私が、サティアンの跡地である上九一色村（現在は分割され富士河口湖町と甲府市に編入。村名は消失）を訪れ、身の毛もよだつような体験をするとは当時は思いもしなかった。

２０１５年、私が大学3年生の頃の話。当時、私はキャンプサークルに所属していた。月に一度は都内近郊の避暑地に足を運び、仲間とテントを張って野宿したり、バーベキューを楽しむ日々を送っていた。

しかし3年目ともなると、近場のキャンプ施設は軒並み訪れてしまっており、行先を決めるサークルの会議はマンネリ化。未知の刺激を与えてくれる目新しいスポットを探していた矢先、新入生の木村（仮名）が「上九一色村に行ってみたい」と言い出した。木村は普段は無口な男で、社交的なタイプではなく、どうして私たちのサークルに入ったのかも正直謎だった。

木村の話によると、彼の父親は警察官で、オウム真理教が摘発された当時、カナリアを携えて上九一色村のサティアンに踏み込んだ一人。父親に聞いたという話を交え、木村は事件当時の様子を実際に見たかのような熱のこもったプレゼンをした。初めはあまり乗り気じゃなかったメンバーも木村に圧倒されて興味を持ち、サークルで上九一色村を訪れることが決まった。

ハイエース2台で朝8時に都内を出発すると、ものの2時間で到着。大型連休中だったこともあり、家族連れや学生キャンパーで賑（にぎ）わっている。訪れる前は「日本史上最悪の犯罪集団の巣窟」というイメージを持っていたが、事件から20年以上たって「富士ケ嶺」という地名に変わり、富士山を間近で拝めるとあって、上九一色村はすっかり人気の避暑地となっているようだった。

「人は死ぬ。必ず死ぬ。絶対死ぬ。死は避けられない」

富士山の真下でバーベキューを楽しみ、日が暮れるとキャンプファイヤーを開始。サークル員10名で焚き火を囲い、くだらない話に興じているうちに、メンバーの一人が「怖い話をしよう」と言い出した。子供の頃から怖い話がめっきり苦手な私は、内心「勘弁してくれ」と思ったが、反対の声をあげる前にすでに話は始まっていた。メンバーがどこかで聞いたことのあるような、当たり障りのない怪談話を次々と披露していくなか、木村に順番が回ってきた。

「こないだみんなの前で僕の父親が警察官だって話をしたでしょ。あれ嘘なんだよね」

突然の告白を受けて、ポカンとした表情を浮かべる私たちを無視して木村は話を続ける。

「まだ8歳とかだったと思うけど、夜になると母親にそっと起こされて車で遠いところに連れて行かれることがよくあってさ。小声で『どこに行くの?』と聞くと、『セミナーに行くのよ』って言うんだよね。施設に着くと母親と別れて、暗い部屋に連れて行かれるんだけど、そこにはほかにも子供がたくさんいて、暗室では戦争で死んだ人の遺体とか飛行機の墜落事故の映像が延々と流されていた。『人は死ぬ。必ず死ぬ。絶対死ぬ。死は避けられない』って声がそこに被さって……」

「それさ、『バルドーの導き』っていうオウムの洗脳ビデオじゃない？　信者にLSDを飲ませたうえ、コンテナに閉じ込めて無理やり観せたというやつ。俺昔オカルトにハマっててさ、そっち方面の本に載ってたんだよね」

メンバーの一人で私と仲の良い北野（仮名）が木村の話に割って入る。私を含めた一同の木村へ向ける視線がよそよそしいものに変わっていく。

「それでさ、そのビデオを観たあとに……」

「オッケー、これでお開き。明日も朝早いし片づけて今日は休もう」

話を続けようとする木村をさえぎるように、北野が解散の号令をかけてしまった。私は内心ドキドキしていた。なぜなら同じテントで寝るメンバーには北野とともに、木村も含まれていたからだ。

つきまとうオウム信者の霊

テントに戻ると私と北野は木村に、「あの話本当なの？」と聞いた。

「変な空気にしちゃって申し訳ない。信じてほしいんだけど、母がオウムに勧誘されていたのは事実で、でも信者になったわけじゃないんだ。セミナーには2、3回しか行ったことがないし。それで、最後にセミナーに行ったときに見ちゃったんだよね……。人が殺されるところを」

絶句する私たちを無視して木村は話を続ける。

「ある日、いつものように暗い部屋で洗脳ビデオを観せられていると、尿意がしたので部屋を出た。いつも使っているトイレが使用中止になってて、別のトイレを探すために施設内を歩いているうちにすっかり迷子になってしまったんだ。施設の中は薄暗くて至るところに『侵入禁止』の札がかかっていた。ぐるぐる歩いているうちに、部屋の一つから明かりが漏れているのを見つけたんだ。中を覗くと、椅子に括（くく）りつけられた男の人が3人の男に囲まれてて……」

木村によると、信者の一人が幹部信者にリンチされて絞殺されるまでの一部始終を見てしまったという。それから長いこと記憶を封印していたが、最近になって殺された信者の霊が見えるようになり困っていると木村は話した。

「こないだ霊媒師に見てもらったんだ。そしたら『事件現場に行って供養をしなさい。それも一人じゃダメだ。なるべく多くの人を連れて行きなさい』って」

木村が私たちを上九一色村に連れてきた理由がわかった。話を聞いた私と北野はしょうがなく、ずっと昔に亡くなった見知らぬオウム信者の供養をすることになった。

木村が目撃したオウム信者が殺された場所には、小さな慰霊碑が建っているという。私たち3人は深夜、コンビニで懐中電灯と線香を購入すると、現場まで徒歩で向かった。昼間は過ごしやすかったが、深夜になると気温は1桁台前半にまで冷え込み、体をぶるぶる震わせながら歩いた。

「子供の頃、テレビで観て衝撃を受けた場所に、こんな形で訪れるとは思わなかったな」

私が胸中を口にすると、木村は「本当に申し訳ない」とつぶやいて、あとはそれっきり無言だった。凄惨な事件の現場となった慰霊碑が見えてきた。

私は線香に火を灯し、手を合わせて丁重に黙禱(もくとう)を捧げた。すると隣の木村がいきなりすすり泣き始めた。

「ごめんなさい、ごめんなさい、ごめんなさい、許してください、許してくださ い」

あまりに切実な祈りだったため、私と北野はこの日何度目かのドン引きを経験した。

キャンプから帰ると木村はサークルにめっきり顔を出さなくなった。ほかのサークル員に元オウム信者の子供だと言いふらされ、周囲から白い目で見られることに辟易(へきえき)したのか、しばらくして学校も辞めてしまった。しかし腑(ふ)に落ちなかったのは、一緒に供養した北野もあの日以来付き合いが悪くなり、退学してしまったことだ。彼は周囲にこんなことを話していたという。

「木村にハメられた。あいつ、初めから俺らに呪いを移すのが目的だったんだ。あれ以来、霊につきまとわれて俺は狂いそうだ」

私はゾッとした。いまのところ身の回りに変化はないが、それは木村が呪いの対象を私ではなく、北野に向けたからなのか。それとも、私が慰霊碑を前にして心の底から哀悼の意を捧げたからなのか。木村と連絡を取る術(すべ)のないいまとなっては、真相は藪(やぶ)の中だった。

二木島町

「熊野一族７人殺害事件」現場に集う亡者

文・山田剛志

右手に斧(おの)、左手に猟銃を携えた男が、異様にすわった眼を見開きながら、自らの幼い息子２人の脳天に容赦なく刃(やいば)を振り下ろし、恐怖に震える親族たちを次々と猟銃で撃ち殺していく……。

事件が起きた１９８０年当時、帝銀事件と並ぶ〝犯罪史上最大級の惨劇〟と報じられた「熊野一族７人殺害事件」の現場はさながら地獄絵図だったという。

事件の舞台となったのは、古来より「死後の世界＝黄泉(よみ)の国」に通じていると信じられてきた、三重県・熊野市の東部に位置する二木島町(にぎしまちょう)。熊野参詣道の一つである伊勢路が通っており、美しい石畳や竹林、熊野灘の絶景が楽しめるとあって、かつては観光地として人気を博していた。しかし、戦後最悪クラスの殺人事件の現場となったことで地元民は離れてしまい、現在では観光客もほとんど立ち寄らない不毛の地となっている。

事件の顚末は酸鼻を極める。犯人の池田一通（犯行当時44歳）は高校時代に暴力事件を起こし、中退後、家業のミカン栽培を継ぐことに。30代中盤で結婚すると3人の子宝に恵まれ、近隣住民から「仕事熱心で、物腰が柔らかい優しい人」と言われるまでに更生。ミカン畑の経営で約3000万円を超える年間収益があり、一家の暮らし向きはこの地区では中の上だったという。

幸せな家庭を築き、何不自由ない暮らしを享受していた池田だが、事件当日の1980年1月31日の昼頃、「体がどうも……」と突然不調を訴え仕事を早退。心配した妻が医者を呼ぶも、「わしは病気ではない、帰れ！」と激昂。このとき、医者は不吉な予感を覚え、猟銃がしまってあるロッカーの鍵をかけておくように池田の妻に指示している。

「子煩悩で温厚な性格」の男

「お父ちゃんがおかしくなった。すぐに来てほしい」

池田の妻が親類に電話をかけるとすぐに集まり、池田をなだめることになった。集まったのは、池田の母、姉、妹、弟に加え、姉の夫とその弟の6名。一時は落ち着く素振りを見せるも、夕方6時頃に態度が急変。一同がテレビを観ていると、おもむろに斧を持ち出して狂ったように暴れ出し、義兄の弟に斧を2、3回と振り下ろした。池田はその後、猟銃がしまってある金属製のロッカーを斧で無理やりこじ開けると、池田の身を案じて家に集まった親族たちに次々と銃口を向けていく。

斧で頭を割られた義兄の弟はほうほうの体で逃げ出し、約150メートル離れた隣家の鉄工所経営者男性に助けを求めた。鉄工所経営者が現場に到着すると、車に乗って逃げようとしていた池田の義兄が至近距離から頭部を撃ち抜かれるのを目撃し、この男性も足に被弾している。このときの池田の表情は、とても精神を病んでいるようには見えない、冷静なものだったという。

一発目の銃声が鳴り響いてから約30分たって、ようやく2台のパトカーに乗った警官8名が現場に到着。

「銃を捨てて、人質を放せ」

立て籠る池田に対して警官は5メートルほどの距離まで接近し、家の外から説得を開始するも反応はない。ほどなくして立て続けに2回の発砲音が鳴り響き、しばらく静寂が続いたため警官が意を決して突入すると、池田は自らの頭と腹に銃弾を打ち込んですでに事切れていた。

警官が家の中や周辺を見てまわると、玄関には頭部から大量の血を流した池田の母が倒れており、家の北側では姉、玄関前に停めてあった軽トラの荷台には義兄、もう1台のライトバンの運転席には弟、同じライトバンの後部座席には妹と5歳に満たない2人の息子の無残な亡骸（なきがら）が、それぞれ無造作に投げ出されていたという。

新聞各社は事件翌日の朝刊で「障子が倒れて血が飛び散った室内の写真」を掲載し、「銃器などで一度に7人を殺害した戦後初の事件」と大々的に報道。負傷しながらも奇跡的に助かったのは池田の妻と義兄の弟のみ。腹部を撃たれた妻は一時意識不明の重態に陥り、義兄の弟は頭に全治2週間の負傷を負った。

いったいなぜ「子煩悩で温厚な性格」として知られていた男が突然豹変（ひょうへん）し、犯行に及ぶことになったのか。

当時の報道では池田が精神病を患っていた可能性や、病弱だった2人の息子の療養費の負担を苦にして一家心中を試みたのではないか、といった推測がなされている。しかし、それまで精神科病院への通院治療歴などなかった池田が、血の繋がっていない親戚をも巻き込んで凶行に走った詳しい動機、背景はよくわかっていない。

「神が男をそそのかした犯行」

事件発生当時、現場にほど近い熊野市新鹿町の別荘で暮らしていた作家の中上健次は創作意欲を掻き立てられ、事件を題材にした映画の脚本に取りかかり、1985年に『火まつり』（監督・柳町光男）として公開された。本作で中上は犯人の動機について、「熊野という土地に棲まう神が男をそそのかし犯行に至らせた」という大胆な仮説を提示している。

映画の撮影は、中上たっての希望により実際に事件が起きた二木島町で敢行され、クランクインの際にはお祓いが行われた。撮影が順調に進むなか、主演の北大路欣也の愛人役に扮した女優の太地喜和子は「ここには何かあるわ」と言って現場に長居したがらず、精神的に不安定となった。

霊感の強い太地は、とりわけ惨劇が起きた家のすぐ近くの海を不気味がっていたといい、実際そこは潮の流れの関係でよく水死体が流れ着く場所だった。

映画公開から7年後の1992年、太地は乗っていた車が海に転落して溺死。訃報に触れた『火まつり』のスタッフたちは、太地が撮影中に二木島町の海を異様に怖がっていたことを想起し、「熊野一族7人殺害事件」で亡くなった被害者の祟りに違いないと怯えたという。ちなみに太地が亡くなった同じ年に、原作者である中上健次も腎臓がんの悪化により46歳で早逝している。

現場となった集落一帯は事件後に過疎化・高齢化が進行し、漁業の後継者不足に困るばかりか、事件発生当時盛んだったミカン栽培も立ち行かなくなり、現在は自家用に稲・野菜を栽培する以外に目立った産業はない。現在の集落は戸数10戸、人口20人程度。悲惨な事件があったことから、熊野詣の参拝客も寄りつかないスポットになってしまったわけだが、観光客の代わりに近年増え続けているのが、心霊スポット巡りに興じる若者たちだ。

凶行の現場となった一軒家は事件直後に取り壊されて更地となっているが、付近にはすでに使われていない自動販売機がポツンと残っており、深夜になると自販機の前に佇む2人の男児の幽霊が現れると、心霊マニアたちの間で噂になっている。男児2人は頭から血を流しており、これは池田に殺された息子たちの亡霊ではないかとされている。

池田が手斧と猟銃を使って親族7人を手にかけた経緯は前述したとおりだが、2人の幼い息子だけは逃そうと思ったのか、犯行直前、2人に小銭を渡し「ジュースでも買うてこい」と自身の周囲から離れるように伝えている。結局は、自販機でジュースを買って戻ってきた息子2人も無慈悲に惨殺することになるのだが……。

古来より熊野は生と死が混在する土地として知られ、熊野詣は「亡者の熊野参り」や「死者の山路」という呼び名からもわかるとおり、心霊スポット巡りという側面を持っていた。そういう意味で、参拝客の代わりに心霊マニアの聖地となっている現在の二木島町は、皮肉にも熊野という土地の本来のあり方を示しているのかもしれない。

新潟ホワイトハウス

訪問者を狂わせる「新潟一家惨殺事件」現場

文・五木 源

機器メーカーの営業である私は、部下の阿部（仮名）とともに新潟県の得意先の工場を訪問した。1泊2日の出張は、A社とB社の担当者に挨拶をして、初日の予定は終了した。夕方までかかるはずが思いのほか早く終わったため、予約したホテルにチェックインする前に海沿いの道をレンタカーでドライブすることにした。

「先輩、知ってますか？　この辺にヤバい場所があるらしいですよ」

得意先の駐車場で車に乗り込むなり、阿部が目を輝かせて話す。

「何？　観光地？」

阿部は急に険しい表情をつくり、「惨殺事件のあった廃墟です」とわざとらしい口調で話し出した。

惨殺事件があったのは、新潟県新潟市西蒲区角田浜。夏場は海水浴やキャンプの観光客で賑わう地域に〝ホワイトハウス〟と呼ばれる異様な廃墟が存在するという。噂の発端は、数十年前に遡る。

昭和初期、ある外交官一家が人目を忍ぶように白い洋館に引っ越してきた。外交官である男性、その妻、9歳の娘、6歳の息子の4人家族だが、近隣住民はおろか、そこに出入りする家政婦ですら、娘の姿を見た者は誰もいなかった。というのも、娘は重度の精神疾患を患っており、「少女である本人」「若い女性」「老婆」「中年男性」の4つの人格が交互に現れる多重人格者だったといわれている。中年男性の人格が現れると娘は凶暴になり、家の物を壊したり、家族に暴力を振ったりと手がつけられなかった。そこで両親は、娘を2階の鉄格子付きの部屋に幽閉し療養にあたっていたそうだ。

ある夜、家族が寝静まった夜中に中年男性の人格が覚醒した少女は、扉の鍵を壊して部屋を抜け出し、リビングへと向かった。そこに置かれていた父親の猟銃を手に取ると、次々と家族を惨殺した……。

「9歳の女の子が？　そんなの無理だろ」

私が呆れた反応を見せると、阿部は得意げに答えた。

「これだけでもヤバいですよね？　この話にはさらに続きがあって、少女は一家を惨殺したあとに猟銃を携えて近くの集落を襲ったそうです。猟銃が弾切れしたあとも、住民の家にあった日本刀やチェーンソーなどを使って、みな殺しにしたそうです。で、この一帯が少女に襲撃された集落跡地だといわれている場所です」

鉄格子の部屋に幽閉された少女

阿部は越後七浦（ななうら）シーサイドラインの一角に車を停めた。いつの間にかナビを設定していたようだ。山側を見上げると、骨組みだけになった建物が茂みの向こう側にあった。

「ここからはよく見えませんが、あの骨組みは山荘の跡地で、奥にはバンガローの廃墟群があります。少女が家族を惨殺したとされるホワイトハウスも近くにあるので、行ってみましょう」

興奮した様子で、こちらの返事も待たずに阿部は車を走らせる。ハンドルを握らせたのが間違いだったのかもしれない。

トンネルの手前で車を降り、小走りの阿部のあとをついていく。トンネル内には、「〇〇参上」など、昔の暴走族の定番の落書きがいくつもある。トンネルを抜けてほどなくして、古めかしい建物が見えてきた。鬱蒼と生い茂る枝葉をかき分け、建物の正面に到達した。タイル張りの門は小ぎれいだが、建物の外壁は落書きだらけ。窓ガラスも扉も取り払われ、大きな穴が空いている。

「ほら、鉄格子」

阿部が指差した2階の窓は、外側が鉄柵で覆われており、窓ガラスははまっていないようだ。

中に入ると、木くずの散乱した空間と突き当たりに風呂場が見えた。外交官の家というからにはもっと豪華だと想像していたが、4人家族が住むには手狭な印象だ。撤去されたのか朽ちたのかはわからないが、階段があるはずの場所にそれはなく、塗装が斜めに途切れた壁が階段があった痕跡を残している。2階の床に続く穴を見上げてもここからだとよく見えない。ここまで来たら、少女が幽閉されていたという2階がどうなっているのかが気になってくる。

いったん建物の外に出て、上れそうな場所はないか見回す。

「1階の屋根伝いに上れそうなんで、俺、見てきますよ」

阿部は着ていた上着を私に預け、壁の出っ張りに器用に足をかけて上っていった。カシャ、カシャというスマホのシャッター音が数回聞こえる。しばらくして阿部は1階に戻ってきた。「2階はこんな感じです」と見せてきたスマホの画面には、昔ブレイクしたビジュアル系バンドの名前や、やはりここにも「○○参上」の落書きが写っていた。2階の部屋を区切る壁やドアは朽ち果て、1階と同じく開けたワンルームのような空間が広がっていた。幽閉のイメージとはかけ離れた開放的な空間に興ざめした私は、早々に「帰ろう」と阿部を促し、もと来た道を戻った。

トンネルにさしかかろうとしたとき、正面から少女が歩いてきた。年齢は14、15歳くらいだろうか。白いTシャツにジーパン、白いスニーカーを履いている。阿部が「肝試しに来たの?」と声をかけるが、少女は無言で通り過ぎる。無視された阿部は怪訝な表情をしたが、「近所に住んでるんだろう」と阿部を諭し車へと急いだ。

さっきはなんてことなかったトンネルも、日が落ちてくると恐ろしく感じるものだ。その日は、帰路に夕食をとり、ホテルにチェックインし解散した。

廃墟の軒先に転がるスニーカーの持ち主

2日目は、午前中から得意先を3件回ることになっていた。このペースだと、昨日と同じ時間に終われそうだ。

「今日もホワイトハウスに行ってみません？」

阿部の提案に、帰りの新幹線までの時間潰しにはなるだろうと思い、私たちは再びホワイトハウスに向かった。

車を停め、今日もトンネルを歩いて進む。ホワイトハウスに到着し中に入ると、昨日とまったく同じ光景が広がっていた。元は窓だった枠をまたいで外に出ると、地面にスニーカーが片方だけ転がっているのに気づいた。

「えっ……誰かいるのか？」

私は思わず2階を見上げた。

「俺、行ってきます！」

阿部は止める間もなく、落ちていたスニーカーを持って2階に上り、部屋に入っていった。

静寂のなか、突然「ガタガタ」と音がしたあと、しばらくして「ガタン！」と大きな音が鳴った。

「大丈夫か⁉」

阿部は2階の鉄柵越しに顔を出し、「大丈夫です。こけただけです」と険しい表情で言い、すぐに1階に戻ってきた。

「上には何もいませんでしたよ。もう駅に向かいましょう」

阿部は急にここから離れたがった。

新潟駅に到着すると、乗車予定だった新幹線まで1時間半ほど余裕があったが、私だけ自由席で一足先に帰ることにした。阿部も上司と別の新幹線のほうが気持ち的に楽だろう。

「じゃあ、俺は先に帰るわ。2日間運転してくれてありがとう」

「今日、金曜日で明日から休みだし、俺はもう少しこの辺りを散策してから帰りますね」

これで私と阿部は別れた。

週明けの月曜日、テレビをつけて朝支度をしていると「新潟県●●市の○○さんが行方不明で～」という物騒なニュースが耳に入ってきた。出張先と近いな、と思いテレビ画面に目をやると、そこに映っていたのは、出張初日にホワイトハウスの近くで帰り道にすれ違ったあの少女だった。

「○○さんは白のTシャツにデニムパンツ、白いスニーカーを身につけており……」

その日、結局、阿部は会社を無断欠勤した。

私は帰宅後、新潟での2日間を振り返ってみた。初めてホワイトハウスに忍び込み、帰りに少女とすれ違った日、ホテルにチェックインしたあとは阿部とは完全に別行動だった。阿部がその後どこに行ったのかは知る由もない。2日目にホワイトハウスを訪れたとき、敷地に転がっていたスニーカーは確か白色だった。阿部はスニーカーを手に取り、迷いなく2階に上がった。そのとき鉄柵越しに見た阿部の険しい表情が脳裏に浮かぶ。

「まさか……」

私は身震いした。

あのとき2階には、かつて惨殺事件を起こした多重人格の少女がそうだったように、行方不明になった白いスニーカーの少女が〝幽閉〟されていたのではないか。その犯人は……。

そんなよからぬ想像をめぐらせていると、家のインターホンが鳴った。モニターには、出張の時と同じ服装の阿部が立っていた。

猟奇事件や凶悪犯罪の「凶器」の行方

◆都市ボーイズ・岸本 誠

猟奇的な事件や凶悪犯罪の凶器はプレミアがつきます。かつては銃火器のファンや殺人事件のマニアが高値で買っていたそうです。また、昭和初期はいまと警察組織の構造の違いや時代の緩さもあって、事件に使われた凶器の管理は甘い部分もあり、なかには質屋などに横流しする警官もいたそうです。いわくつきの凶器だとは知らずに、客が購入してしまうケースも発生していました。その購入した凶器で、持ち主が自殺したという噂もあります。たまに実家の物置きや倉庫に出所がわからない刃物や銃火器があったという話も聞きます。それは、もしかすると誰かを殺(あや)めてしまった凶器なのかもしれません。

足尾銅山

鉱毒事件現場で響く犠牲者たちの掛け声

文・真島加代

里山の風景が広がる栃木県日光市足尾町(あしおまち)。まるで昭和にタイムスリップしたかのような駅舎や錆(さ)びついた鉄橋、廃墟が点在する寂(さび)れたこの街は、かつて〝日本一の鉱都〟と呼ばれていた。いまやその栄光は見る陰もなく、日本初の公害事件「足尾銅山鉱毒事件」の舞台として広く知られる。また、この悪名高き足尾銅山は、栃木県屈指の心霊スポットでもあった。

足尾銅山のいわくつきスポットの一つが、全盛期に銅を採掘する坑道として使われていた「小滝坑跡」だ。小滝坑の入り口のコンクリートは劣化して黒ずみ、鬱蒼(うっそう)と生い茂る木々は、何人たりとも近づけさせない凄(すご)みを感じさせる。

この小滝坑で実際に起こったとされる心霊現象は、入り口から奥に向かって「おーい」と呼びかけると、男の声で「おーい」という返事が返ってくるというもの。現在、小滝坑の入り口は頑丈な鉄パイプで何重にも封鎖されているため確認はできないが、声の主は足尾銅山で銅を採掘中に命を落とした「鉱夫」のものではないかとささやかれている。この声の正体を紐解くには、足尾銅山の歴史を振り返る必要がある。

足尾銅山の銅産出の歴史は江戸時代に遡り、当時、江戸城や日光山、長崎経由でオランダにも足尾産の銅を輸出していたという。一方で、銅を生産する過程で発生した鉱毒や鉱さい（不純物）が近くを流れる渡良瀬川に流出し、水質は悪化した。大量の川魚が死に、漁業に大きな打撃を与えていた。しかし、年月とともに産銅量は減少し、幕末にはすでに閉山状態だったという。

そんな足尾銅山を明治に入った1877年に買収したのが、古河財閥の創業者、古河市兵衛だった。買収した当初はまったく銅が採れなかったが、鉱山の近代化を進めて坑道を広げ、銅があふれ出る大鉱脈を発見。再び銅の産出が活発化したという経緯がある。1880年代には、国内銅生産の4割を占めるほどに成長した。足尾銅山の鉱山開発事業で成功を収めた古河は、このちに財閥の一つに名を連ねることになる。

閉ざされた世界で死を待つ鉱夫たち

このように表層だけ見れば、閉山寸前の足尾銅山をよみがえらせた古河市兵衛のサクセスストーリーだが、繁栄の陰で大きな歪(ひず)みが生まれていた。その一つが、銅を掘る鉱夫たちを襲ったじん肺（珪(けい)肺）。通称〝ヨロケ〟と呼ばれていたこの疾患は、採鉱中に、鉱石の粉じんを吸い続けたために、肺の機能が失われていく病だ。吸い込んだ粉じんによって肺の線維化が進み、肺結核や肺がんを合併して死に至るという。進行性の疾患のため、一度発症すると、たとえ仕事をやめても治ることはない。

別の鉱山で働き、退職後にじん肺を発症したある鉱夫は、ヨロケの恐ろしさをこう語っている。

「少し動くだけでも呼吸がつらい。50メートルも歩けばぜーぜーと息切れをしてしまい、咳(せき)も止まらず、動悸(どうき)も激しくなる。体を動かすこともできず、体力は衰えるばかり。長年真面目に働いた仕打ちがこれなのか……」

かすれたか細い声に悔しさがにじむ。この問題が長い間、顕在化しなかった理由は、鉱山で働く者たちが生活をともにする「飯場(はんば)制度」を取っていたことが影響している。

同じ釜の飯を食う彼らは、互いに支え合いながら生活していた。そして鉱夫の一人がヨロケを発症すれば、周りの者が病人の看病をする。新たに鉱夫がヨロケに倒れれば、同じように誰かが助ける。一見、美しい助け合いに思えるが、彼らには雇い主である古河鉱業に抗議する気力もなく、薄暗く閉ざされた世界で死を待つ鉱夫の姿は、屍（しかばね）そのものだっただろう。

また、病だけでなく、採掘作業中の落盤事故も絶えなかった。生き埋めになった者、坑道を広げる際にダイナマイトを使った発破工法に巻き込まれて四肢が粉（こな）微塵（みじん）になった者……、毎日のように若い生命が奪われていった。足尾銅山には、当時の過酷な労働環境がうかがえる歌が残されている。

「坑夫（だいく）6年、溶鉱夫（ふき）8年、かかあばかりが50年」

坑道の中で失われた命は数知れず、逃亡する者がいれば追っ手が差し向けられ、逃げることは許されない。足尾銅山での仕事は、死を意味していたのだ。

彼らは体を蝕（むしば）む粉じんにまみれながら、仲間同士で「おーい」と声を掛け合い、互いの存在を支えに採掘作業をしていた。魂になった鉱夫たちは、いまなお坑道で銅を採掘している……そう考えると、小滝坑に響く声の主も自（おの）ずと見えてくるだろう。

相次いだ幼子の死亡

足尾銅山が〝死の山〟として恐れられている理由は、過酷な労働環境だけではない。採掘された銅精鉱は精錬所で加工をする。精錬に使う燃料の木は付近一帯の山から伐採され、精錬所の煙突からは真っ黒な煙が立ち上っていた。当時の記録によると、黒煙が太陽を覆い隠し、日中も薄暗く、周辺には意識が朦朧とするほどの腐卵臭が漂っていたという。そして、伐採や煙害によって山の木々も枯死していた。

煙害を最も強く受けた松木村は、基幹産業の養蚕を廃業するしかなかったという。村の住人たちは無念のうちに村を捨て、1905年に廃村となった。旧松木村周辺には、いまも生気を失った禿山が広がっている。

また、木々を失った山は水はけが悪くなり、大雨が降れば大量の雨水がそのまま渡良瀬川に流れ込むため、幾度となく地域で大洪水が発生した。さらに渡良瀬川には精錬所で発生した鉱毒水が流れ込んでいたため、洪水で鉱毒水が広範囲に広がり農作物は壊滅状態。稲も麦も育たない不毛の大地と化していた。農地の被害は、足尾銅山の年間売上高の約10倍に及んでいたという。

周辺の山や川、一つの村をも飲み込んだ公害が、鉱山の外で生活をする人々にも影響を及ぼさないはずがない。栃木県や近隣の群馬県、埼玉県の被害地域では、死産や2歳以下の幼子たちの死亡が相次いだという記録が残っている。死の山は、生まれたばかりの〝新しい生命〟を拒み続けたのだ。また、鉱毒被害が色濃く出ていた栃木県安蘇郡界村大字高山で行われた徴兵検査では、1895〜1899年の5年間で検査対象になった51人のうち、合格者は1人のみ。この合格者すらも、病を理由に10日で除隊したという。本来ならば健康であるはずの若者の体も、毒に蝕まれていたことがわかる。

足尾銅山の栄華は、多くの命の犠牲のもとに成り立っていたのだ。

この惨状を目の当たりにした地元出身の衆議院議員・田中正造は、足尾銅山の公害を国会で取り上げた。しかし、ここで見向きもされなかったため、明治天皇が乗る馬車に「直訴状」を掲げて駆け寄る事件を起こすことに。田中の決死の直訴をきっかけに、足尾銅山に注目が集まり、抗議運動が活発化。政府は調査会を発足させて鉱毒防止令を制定したが、調査や法令は形だけにすぎなかった。

根本的な問題解決には至らないまま、時とともにわずかな銅しか産出されなくなり、古河財閥の経済状況の悪化も重なって、足尾銅山は1973年に閉山。400年の歴史に幕を下ろした。命を賭けた田中正造や住民の抗議活動に意味があったのか、その答えは誰にもわからない。

人間の業によって滅んだ足尾銅山には、いまもなお深い爪痕が残る場所がある。簀子橋堆積場（すのこばしたいせきじょう）、通称〝赤い池〟だ。

たとえ鉱山が閉山しても、かつて掘り進めた坑道から鉱毒を含む鉱毒水が湧き出るため、その鉱毒水は鉱さいダムに貯蔵される。有害物質を底に沈殿させて、上澄みを地下道水路に流すのが、鉱さいダムの仕組みだ。足尾銅山にある簀子橋堆積場は、鉱さいダムの役割を果たしている。

ダムの底に貯（た）まった鉱毒が赤褐色になり淀（よど）んでいる様子から、赤い池と呼ばれている。すべてを失った足尾銅山鉱毒事件の犠牲者たちの怒りが、鉱毒水としていまもなおふつふつと湧き上がっているのかもしれない……。

常紋トンネル

タコ部屋労働で〝人柱〟にされた労働者たちの怨念

文・鶉野珠子

この話は5年前、私が妻と北海道に新婚旅行に行ったときに体験した話だ。

私と妻の新婚旅行は、10泊11日という贅沢な日程で、北海道各地の観光スポットを周る旅を計画した。レンタカーや電車を利用し、道内各地を巡った。

その事件が起きたのは、7日目の午後のこと。その日、私たちは北見駅から遠軽駅へと向かう石北本線に乗っていた。目的地までは、およそ1時間ほどかかるという。私は妻とこれまで撮影してきた旅の写真を見返しながら列車に揺られていた。

しばらくすると、先ほどまで楽しそうに写真を見たり、私に冗談を言って笑っていた妻が、体調不良を訴え始めた。

「頭が痛くて……それから吐き気もするの……」

妻の顔がみるみる真っ白になっていく。手に触れると、雪のように冷たくなっていた。

「どうしよう。次の駅で降りようか？」

私が提案すると、妻は首を横に振って言った。

「そうすると予定も狂ってしまうし、ちょっと眠れば治ると思うから。ごめんね」

妻は、カバンから鎮痛剤を取り出して飲み、私にもたれかかりながら目を閉じた。しばらくたって、妻の寝息が聞こえてきた。もしかすると旅の疲れが出たのかもしれない。今日は妻のために早めに宿へ行こうと考えていると、後方の車両から一人の男が、私たちの席に向かって歩いてきた。帽子を被ったその男は、ゆっくりとした足取りで私たちに近づいてくる。

「お連れさん、もしかして霊感が強いんじゃないかね？」

妻を見て男はそう言った。年齢は30代くらいだろうか。帽子の陰で顔ははっきりと見えないが、そのくらいの年齢だろう。男をよく観察すると、Tシャツとハーフパンツから伸びる手足は痩せ細り、不気味な気配を漂わせていた。

「霊感、ですか…？」

言われてみると、これまで妻は誰もいない場所で人の視線を感じたり、いわくつきの場所へ行くと寒気がしたりすることがあった。強いか弱いかはわからないが、人よりもそういう気配を敏感に感じ取れる体質なのかもしれない。

男は私たちの斜め向かいに立って話し始めた。

「この列車は、北海道でも随一の心霊現象が起きる場所を通るんだ」

「し、心霊……」

「そう。その場所に近づくと、体調が悪くなるという人は多い。とくに霊感が強い人は、影響を強く受けてしまうそうだ」

「そうなんですね……」

妻の顔を覗くと、さっきよりも眉を寄せ、苦しそうな顔をしている。男が言う心霊スポットに近づいているからかもしれない。

「その心霊スポットというのは、どんな場所なんですか？」

私は妻を起こさないよう、小声で男に尋ねた。

「『常紋（じょうもん）トンネル』という、北見市と遠軽町の間に位置する常紋峠を通るトンネルだ」

「常紋トンネル……」

「お兄さん、『タコ部屋労働』ってわかるかい？」

タコ部屋労働とは、よその地域から連れてきた「他雇（タコ）」たちを、凄惨な環境で働かせることだ。タコたちが、1日に15時間以上、休憩なしで働かされるのは当たり前。粗末な食事しか与えられないうえに、食事は立ってとるのが常だったという。睡眠時間もわずかで、寝るのは「タコ部屋」と呼ばれる狭い部屋だ。タコ部屋には多くのタコたちが詰め込まれ、寝返りすら打てなかったという。人を人とも思わない、奴隷のような労働だ。

「常紋トンネルは、そういう環境下で強制労働をさせられた人たちがつくったトンネルなんだ」

「労働者の怒りが、土地に染み付いているんですね……」

私がそう言うと、男は肩を震わせてこう言った。

「『怒り』なんて生やさしいもんじゃねえ。深い怨恨の念が、いまもトンネルに満ちているんだ」

トンネルで見つかった500体以上の人骨

男によると、常紋トンネルの工事中に無数の労働者が命を落とした。栄養失調や過労が死因だった人が多かったが、それ以外の理由でこの世を去った人も多くいたという。

「監視員の手で殺された人間が、大量にいたんだ」

「こ、殺されっ…⁉」

思わず声を上げそうになった。なぜ、過酷な環境で労働を強いられている人々が、殺されなければいけなかったのか。

「あまりの厳しさに耐えかねて、現場から逃げ出すタコがいたんだよ。しかし、逃亡者は捕らえられ、ほかのタコたちの前で火あぶりにされたり、裸に酒をかけられて蚊やアブの餌食にしたりなどの惨(むご)い仕打ちを受けた。『逃げたやつはこうなるぞ』と、見せしめにされたんだ」

私は言葉も出なかった。男は、淡々と話を続ける。

「栄養失調で倒れたり、骨が折れて動けなくなったりした労働者は、生きたままトンネルの壁に埋められた。人柱(ひとばしら)にされたんだな」

男が、小さな紙切れを私に手渡した。新聞の切り抜きだ。目を通すと、十勝沖で発生した地震に関する内容が書かれていた。

——1968年、1970年に発生した十勝沖地震により損壊した常紋トンネルの改修工事が行われた。崩れた壁の中からは人骨が次々に発見され、その数は

500体以上も確認された。頭部に大きな損傷を負った人骨の発見も報告されている――。

新聞の切り抜きを読み、500人もの労働者が生きたまま壁に埋められていった事実に、私は目眩がした。頭部の損傷は監視員たちの見せしめによるものか、あるいは工事の際に負った怪我なのだろう。いずれにせよ、そんな大きな怪我をした人間を手当てもせず、壁に埋めて人柱にしていたというのは、信じがたい話だった。

「壁に埋められて人柱となったタコは500人ほどだが、トンネルの下に埋められたやつや、見せしめで殺されたやつもいる。監視員に口ごたえしただけで、スコップで殴り殺されたってやつもいるんだ。常紋トンネル開通工事の犠牲者は、数えきれないほどいる」

トンネルに立つ血まみれの作業員

男の話を聞きながら私は吐き気がしてきた。妻はというと、私の手を強く握り、苦悶の表情を浮かべている。

「トンネルが近づいてきた。そろそろ見えてくるよ」

男がそう言うので窓の外を見ると、進行方向の先に大きな黒い穴が見えた。トンネルの入り口だ。列車はどんどん進み、トンネルの中へ吸い込まれていく。列車がトンネルの中に入ると、車内は薄暗くなった。いやに寒気がして心臓がばくばくと早鐘(はやがね)を打っているのがわかった。

いましがた読んだ新聞記事で知ったことだが、常紋トンネルは全長507メートルしかない。それほど長いトンネルではないのに、内部を走っている時間が永遠のようにも感じられた。

ようやくトンネルの出口が見えてきたところで、列車は急ブレーキをかけて停車した。あまりにも急だったので、私はとっさに妻の体を抱きしめ、思わず目をつむった。何が起きたのかと、妻をシートに寝かせ、窓から出口の方を凝視する。私の背後で男は、「タコが出たのかもしれない」と言ってきた。

「どういうことですか?」

私が振り返り、問いかけながら男の方を見ると、トンネルに入る前までたしかにそこにいた男が消えていた。私は4両編成の列車の最後方車両まで駆けて男の姿を探したが、どこにも見当たらない。

列車が再び走り出してから、ふと、後方車両の窓から、脱したばかりのトンネルの出口を見た。そこには、さっきまで列車に同乗していたはずの男が、血まみれで立っていた。

こちらをじっと見つめる男の服装は、Tシャツとハーフパンツ姿ではなく、ぼろぼろの作業員のそれだった。

現代にもある「タコ部屋労働」の実態 ◆都市ボーイズ・岸本 誠

タコ部屋労働は現在でも行われています。行き着く方法は、炊き出し現場でのスカウト。または、借金で詰んだ人がヤクザに連れて行かれるか、すっからかんになった人が闇スロットの出口で声をかけられるパターン。仕事の多くは建設現場で過酷な労働を強いられます。仕事が終わったらマンションの一室に連れて行かれ、6畳の部屋に4人が詰め込まれます。そこで数日過ごさなければいけないのですが、たいてい1、2人は逃げ出します。契約書も書かされますが、本名や本当の住所を書くと連れ戻される可能性が高いので、絶対に偽名で通すことをお勧めします。

元吉原

梅毒で死んだ遊女の怨念が渦巻く旧遊郭

文・真島加代

半年前のことです。

あの頃の私は、マッチングアプリで適当に女の子と会って、適当に食事をしてその流れでセックスをする、そんな生活をしていました。特定の彼女をつくる気もなく、いま思うと「マッチングアプリで出会った女の子をセックスに持ち込む」のが、趣味になっていたんだと思います。

私は飲料メーカーで営業の仕事をしているので、トーク力には自信がありました。実際に会うところまでこぎつければあとは簡単でした。適当に話を広げて盛り上げて、終電を忘れさせればほぼゴール。正直、セックスはおまけでした。でも、ある女性に出会ってから、そんな趣味も楽しめなくなりました。

その女性は「夕顔」という名前でアプリに登録していました。

アプリ上の情報では、23歳の都内で働く会社員。プロフィールではハンドルネームが古風なこと以外は、とくに変わった印象はありませんでした。プロフィール写真の顔も口を手で隠していたし、そもそもマッチングアプリの写真は加工されているので基本的に参考にならないんです。

ただ、メッセージのやりとりをしているときは、文面から知性が感じられました。とても多趣味で、いまどき琴や日舞を習っていると聞いて「さすがに古風すぎるだろ」とは思いましたけど。

1週間くらいアプリでやりとりをしたら、彼女のほうから「会いたい」と言ってくれたんです。いままで会った女性はすべて私がお膳立てしていたので、リードしてもらえたのもグッときましたね。

その日は、梅雨時のじっとりとした湿気が体にへばりつく、とにかく不快な夜でした。

待ち合わせ場所は、彼女の職場が近いという日本橋人形町の末廣（すえひろ）神社。待ち合わせ場所も渋いですよね。

約束の時間よりも5分早く末廣神社に到着すると、すでに神社の鳥居の横に長い黒髪の女性が立っていました。

「夕顔さんですか？」

私が話しかけると、手に持っていたスマホから顔を上げてにっこりと笑う彼女。

「はい。平井（仮）さんですよね。お会いできてうれしいです」

切れ長の涼し気な目元に、スッと通った鼻筋と薄い唇。丁寧につくられた顔のパーツが卵型の輪郭にきれいに収まっていました。

私は「女ならなんでもいい」と思っているタイプなので、容姿はあまり気にしないのですが、さすがに彼女の美しさには見惚れてしまいました。

それから彼女が事前に予約してくれていた店で食事しました。店に向かう道中も、江戸時代初期にはこの人形町に旧吉原遊郭があったことや、遊郭の一帯は、遊女が逃げないように「お歯黒溝」というお堀で囲まれていた、など町の歴史を教えてくれました。食事した店はそれほど安くはありませんでしたが、味もいいしちょうどいい値段感のチョイスをしてくれて、好感を持ちました。日本酒も嗜むようで、自分と食の趣味が合うな、と感じたのを覚えています。話も盛り上がってきて、ずっと気になっていたことを質問しました。

「夕顔さんは、どうしてそのハンドルネームにしたんですか？」

「私、大学時代に文学部で『源氏物語』を専攻していて、夕顔は、源氏物語に出てくる女性の一人で、私がいちばん好きな登場人物なんです。彼女は光源氏の愛人で寵愛を受け、逢瀬を重ねるんですけど、彼と夜を明かした朝に冷たくなっていた。彼女に嫉妬した女の生き霊に取り憑かれて、死んでしまったんです」

正直、私は『源氏物語』のことはさっぱりわかりません。ぼろが出ないようにうなずくことしかできませんでしたが、名前の由来を聞いて儚げな彼女にピッタリだと感じました。私はその時すでに、彼女に心を奪われていたのかもしれません。

血がべっとりついた人間の爪

食事が終わると、まるでそれが自然の流れのように私たちはホテルに行き、夜を過ごしました。夕顔さんは、それまでの貞淑な印象から打って変わって、ベッドの中ではとても積極的で、そのギャップもたまらなくて、私は無我夢中になりました。雪のように白い彼女の内太ももには小さな赤いできものがあったのですが、それすらも美しかった。

妖艶な笑顔を浮かべる彼女に誘われて激しく交わり、ことが終わると私はそのまま深く眠ってしまいました。

その夜、とても不気味な夢を見たんです。白いもやがかかり、周囲はよく見えなかったのですが、汚水が流れる深いお堀の近くにぼろぼろの着物を着た女性がうずくまっているのが見えました。「これがお歯黒溝か……」と夕顔さんの話を思い出してお堀に近づくと、突然彼女は私の足にすがりついてきたんです。

「お願い……遊んでいっておくれ……お前さんしか、いないんだよ」

そう懇願する彼女の顔は、口の端やまぶたが赤くただれ、首筋や頰、手の甲が無数の赤黒いイボに覆われていました。歯もところどころ抜け、声は若いのに、まるで老婆のよう……。

それよりも私の目を奪ったのは、顔の中心に空いた真っ黒な空洞。

彼女には、鼻がなかったのです。

「うわあああああああああああああああ！」

自分の叫び声で目を覚ますと、全身が汗でぐっしょり濡れていました。悪夢を見たあとだったので心細い気持ちにもなりましたが、部屋にいたのは私一人。彼女と私はしょせん一夜の出会いだったと割り切りました。

身支度をしてジャケットの内ポケットに入れた財布を確認すると、持っていたはずの3万円がなくなっていたんです。「ああ、やられたな」と思った瞬間、財布から何かが床に滑り落ちました。

「小指の、爪……?」

床に転がるそれは、ぬらぬらと赤く光る血がべっとりついた人間の爪だったんです。とにかく気持ち悪くてそれに触ることができず、急いでホテルをあとにしました。夕顔さんの爪だったとしても、気味が悪い……。せっかく楽しすぎる夜を過ごしたのに、ぼろぼろの着物を着た女性の悪夢と3万円を抜かれたこと、爪のせいで最悪の朝を迎えました。

すべての痕跡を消した女

マッチングアプリで会った女に3万円を盗まれたことは恥ずかしくて、警察に相談する気が起きませんでした。とはいえ、新たな被害者が出たらかわいそうだなと思い、運営に彼女を通報しようとアプリを立ち上げたんですが……。

アプリ上には彼女の名前も、写真も、メッセージの履歴もすべてなくなっていました。たとえ先方がアカウントを消しても、私とのメッセージ履歴は消えない仕様のはずなんです。アカウント名で検索しても、出てくるのは別人ばかり。そもそも、20代で「夕顔」なんて名前をつけてる女性が存在しない。でも、直接会った彼女は間違いなく23歳の女性だった。どうしても気になって、数日後に彼女と行った和食の店にも行ってみました。

「以前、この店に女性と二人で来た平井なんですけど……」

「平井様ですね、たしかに5日前にご予約いただいて、ご来店いただきましたが、お一人でしたよ？」

「え？　髪の長い女性と一緒だったはずなんですけど」

「いえいえ、私もその日店にいましたが、平井様お一人でした」

　これ以上質問をすると変人だと思われそうだったので、そそくさと帰りました。その後もアプリを確認していますが、私が一夜をともにした夕顔という女性が存在した痕跡が、どこにもないんです。

　彼女との不思議な出会い以来、悪夢の中に出てきた女性の醜い顔が脳裏に焼き付いて離れません。眠るとあの醜女（しこめ）が出てくるのでは、と思うとまともに寝ることもできない。いまでは女性を見るのも嫌になって、マッチングアプリもやめました。鬱気味で仕事も手につかなくなり、いまは会社を休職しています。どうしてこんなことになったのか……。夕顔に会ったことを激しく後悔しています。

ところで、数週間前から全身に赤い発疹が出て顔には大きなイボができはじめました。まるで悪夢の醜女のような。

これは、何かの病気なんでしょうか。

切尾根村

キリシタン大虐殺の地に残る呪詛の祠

文・梶井光

これは2年前の話。

当時、32歳だった私は社員50人ほどの、あるIT企業の子会社で営業職として働いていた。

この会社はぎりぎりのところで経営を保っていた状態で、親会社から、とくに営業職の私たちには、いつも厳しい檄（げき）が飛んでいた。

そんなある日、親会社から子会社の社員を3分の1ほど減らすように、人員整理の指令が人事課の大山（仮名）部長に出された。上からの命令である以上、大山部長は遂行しなければならなかった。

しかし、いまの時代、会社都合で一方的に解雇することには問題がある。ゆえに、大山部長はパワハラぎりぎりの態度で私たちに接してくるようになり、あくまで社員の自己都合で会社を辞めたくなるような心理状態に仕向けてきた。本来のメンタルが弱く、ただ生活の術として会社で働いていた私は、これに耐え切れずに自主退職した。

人付き合いも苦手だった私は、自分を変えたくて営業職という人と接する仕事を選んだ。しかし、なかなか性分は変わらず、営業成績も芳しくなかった。会社に仲のいい人間はとくにいなかったが、一人だけ、私が仮病を使って会社を休んだ日に、「大丈夫か?」とメールをくれる山口（仮名）という同僚がいた。山口は私とは真逆の朗らかな性格で営業成績もよかった。

山口は私が退職したあとも、「今度、飲みに行こう」などと律儀にメールを送ってくれた。しかし、そんな山口のメールに私は返信する気にならなかった。それは、営業成績も人柄もいい彼への嫉妬心だった。「俺のことを上から目線で見た偽善行為だろう」と、心の狭い私は思っていた。

そして、会社以外でも友人のいない、当然恋人もいない、さらに何の取り柄もない私は、自殺を考えた。

そんなとき、ふと山口がかつて雑談のなかで言っていた、山口の故郷、長崎県の島原半島の切尾根村という小さな村のことを思い出した。とにかく美しい土地だと。

自殺まで考えた私だったが、なぜか山口の故郷の村に惹かれる気持ちが押さえ切れなくなり、2泊3日で切尾根村に旅する決断をしていた。

キリシタン2万人がみな殺し

切尾根村は山口が話したとおり穏やかで美しかった。到着が夕方だったこともあり、ゆるやかに吹く風は心地よく、夕闇は少し不穏な雰囲気を感じさせるものの、ぞくっとするほどの美しさを放っていた。

私は、仕事を辞めたことなどどうでもよくなり、少なくとも滞在期間中は現実逃避も悪くないな、と思った。

その夜、夕食がてら古びた居酒屋に入ってみた。

店内は意外と広く、店主らしき老人が一人、カウンターの中にいた。

「お客さん、どちらから？」

「東京からです」

「出張か何かで？」

「いえ、出張だったらよかったんですけどね。会社は退職してしまって……」

「ああ、そうんなんですか。まあ、いい肴と酒で、そんなこと忘れてしまいましょう」

気のいい店主に私はとても気分がよくなり、普段あまり飲まない酒を呷りながら、「すごくいい土地ですね。元同僚にすすめられて来たんです」と伝えると、店主はこの村のよさをいろいろと語ってくれた。

店主はひとしきり切尾根村の魅力について語り尽くしたようで、急に神妙な面持ちとなり、「楽しい話じゃないんだけど、この村の昔話、聞きますか？」と言ってきた。

「お願いしますよ。まだまだこの店にいたいんで」

深く考えず答えた私だったが、想像を超えた残酷な話を聞かされることになった。店主の話をまとめるとこうだ。

室町時代にフランシスコ・ザビエルがキリスト教を伝えて以来、九州には多数のカトリック信者が生まれた。しかし、豊臣秀吉によるバテレン追放令によって「日本二十六聖人」と呼ばれた信者たちが磔の刑で殺され、さらに徳川政権の禁教政策による弾圧で現在の長崎市の外海地区に5000人いた信者の多くが殺されたという。

そして、切尾根村のある島原半島も、迫害の地へと変貌。「雲仙地獄」という地域では、キリシタンに信仰を棄てさせるための拷問と処刑が行われたという。肥前国日野江藩の藩主・有馬晴信の家臣であり、キリシタンだったパウロ内堀作右衛門ら16人が最初の殉教者となった。

パウロ内堀作右衛門は、3人の息子が海に沈められて殉教してもなお、棄教しなかったという。ゆえに、両手の親指と小指を残し3本ずつの指を切り落とされ、額に切支丹の3文字の焼き印を刻まれる過酷な拷問を受けた。最後は、潜伏キリシタン15名とともに、両足を縄で縛られた状態で逆さ吊りにされ、沸騰した湯壺に浸けては引き出すといった拷問を繰り返され、絶命したという。

なぜここまで過酷な虐殺が行われたのか。

端的に言えば、当時の徳川幕府は「キリスト教は国を滅ぼす」と考えていた。自らの理想のために私利私欲を捨て殉教も厭わないキリスト教信者を恐れていた。支配体制をより強固にする必要のあった徳川幕府は、キリスト教徒を必ず廃絶しなければならない敵とみなしていたのだ。

そして、事実、幕府の弾圧に対し、2万人を超えるキリシタンが蜂起。「島原・天草一揆」（1637〜1638年。「島原の乱」とも）が起こった。結果、4カ月間の激戦の末、幕府軍によってキリシタン2万人がみな殺しになった。その乱の中心が、この切尾根村だったという――。

私は絶句した。キリシタン弾圧があった史実自体はなんとなく知っていたが、ここまで苛烈な虐殺があったとは……。

かつて一方的に命を奪われた人たちと、自ら命を絶とうとした私……。比べることもおこがましいが、店主からこの話を聞いて、私は会社を辞めたくらいで自殺しようと考えたことを恥じた。死にたくて死んだわけではない無念の死を遂げた人たちのことを思うと、なんと自分は小さい人間なのか。

慣れない酒にひどく酔った私は、宿へ帰り、深い眠りに着いた。

呪いの言葉と十字架

「元気にしてるか?」

目覚めると山口からメールが届いていた。タイムリーすぎて驚いた。

「前に教えてくれた山口の故郷の切尾根村に、なんとなく旅行に来てみたよ」

そう山口に返したが、その後の返信はなかった。突然、山口に対して言いようのない怒りを覚えた。ほとんど解雇同然に会社を追われた自分と常に会社に望まれている彼。どうして神はこれほど不公平なのか。そして、そんな山口の故郷にのこのこと旅行に来てしまった自分にも苛立った。

しかし……旅行から帰ってしばらくたった頃に、驚くべき事実を会社の関係者から伝えられた。

山口は理不尽に会社を解雇となり、自殺をしたという――。

さらに数カ月後、山口の遺族が、息子の自殺は会社からのパワハラが原因だと訴え、裁判を起こした。親会社はすべての責任を人事部の大山部長になすりつけ、彼を解雇。のちに大山部長も、妻子から逃げられたうえ、自殺した。

私はこの話を耳にし、背筋に戦慄が走った。

実はあの夜、居酒屋の店主は、近くに虐殺されたキリシタンたちが祀られている祠があることを教えてくれたのだ。そしてその祠には呪詛的な効力があると。どうしても復讐したい相手がいるなら、そこで十字架を手に呪いの言葉を唱えれば、その希望は成就するのだという。そして店主は冗談半分だったのか、あるいは私の雰囲気に何かを感じたのかはわからないが、ご丁寧にシルバーの十字架までくれた。さらに、この地に伝わる呪いの言葉まで……。

翌日、私は祠を訪れた。何を願ったかは言うまでもないだろう。店主の話には続きがあり、復讐の代償には呪った者の命が必要だという。
私に後悔はない……。

実在した、子供をさらって異教徒を「転ばせる」寺 ◆都市ボーイズ・早瀬康広

宗教の恐ろしい話はたくさんあります。場所は言えませんが、ある寺では1年に一回の御開帳日に、周辺に住む子供が数人いなくなる事例が相次ぎました。これはお寺が周囲に住む異教徒の子供をさらい、親に転向を迫っていたからです。「あなたの神は子供さえ救うことができない。我々の宗派に入らなければまた子供がいなくなりますよ」と脅していたといいます。その寺の境内には、実際に脅されたキリシタンのための祠もあります。これは数百年前の話なのですが、実はいまだにお寺の御開帳日には周辺の子供がいなくなっている年があるそうです。もちろんお寺は関係を否定していますが、子供たちが失踪する真相は、ひょっとしたら……。

岡田更生館

大量虐待死事件の現場にいた「人間ではない者」

文・佐藤勇馬

5年前、私は親友のオカルトマニアである芹沢（仮名）と岡山県を訪れた。岡山は横溝正史が疎開した地であり、単独犯行においては「昭和犯罪史上最悪」といわれる大量殺人事件「津山三十人殺し」が起きた津山市がある。この事件を下敷きに、横溝が金田一耕助シリーズの不朽の名作『八つ墓村』を生み出したのはあまりに有名な話だ。

凶行の舞台となった苫田郡西加茂村大字行重（現・津山市加茂町行重）は、現在もオカルトマニアや事件マニア、横溝正史ファンらが「聖地巡礼」とばかりに訪ねる場所だ。

しかし、今回の目的は「津山三十人殺し」の現場を巡ることではなかった。いたずらっぽい笑みを浮かべた芹沢からこう言われた。

「岡山にはもっとヤバい事件がある」

その事件とは、戦後間もない頃に、いまでいうホームレスの浮浪者や、戦災孤児を大々的に受け入れ、模範施設と称えられていた「岡田更生館」で起きた大量死事件だ。

当時、敗戦国の日本は失業者や外地からの引揚者などが浮浪者となり、各地の路上にあふれていたことで連合国軍総司令部（GHQ）が治安の悪化を懸念。浮浪者らを「強制収容」する施設が全国につくられることになった。岡山県では、黒崎更生館、西川寮、岡田更生館の3つの収容施設が開設された。そのなかで最も大きかったのが、1946年に吉備郡岡田村（現・倉敷市真備町岡田）につくられた岡田更生館だった。

岡田更生館は白壁に囲まれた立派な建物で、近くには横溝が家族とともに疎開した民家があった。「強制収容」と聞くと恐ろしげに思えるが、施設では十分な食事が配給され、仕事も用意され、施設にいながら貯金することも可能だといわれた。行政視察でもまったく問題がなく、当時の新聞に「模範施設」と報じられるなど評判は高かった。

しかし、実態は大きく異なっていた。入所者たちには十分な食事が与えられず、衛生環境も劣悪。脱走者が相次いだことで「見せしめ」のリンチや殺人が日常的に行われた。

施設の開設から2年余りで、栄養失調やリンチなどによって76名の入所者が命を落としたとされている。収容者が脱走に成功して実情を訴え出ても、警察の調査結果は「問題なし」。暴力行為は否定されていた。

1949年、施設から脱走した男が、信用ならない警察ではなく、毎日新聞大阪本社に駆け込んだことで事態は一変する。男は、1カ月間に少なくとも50～60人が死んだと訴えた。

亡くなった入所者は深夜に戸板に乗せられ薪（まき）とともに運ばれ、そのまま裏山で焼かれた。多くの犠牲者の骨がその場に埋められた……いや、捨てられたのだ。

毎日新聞の記者2人が浮浪者に変装し、命懸けの潜入取材を敢行。食事は悪臭を放つ泥のような雑炊、不衛生な寝床で入所者たちが体を掻きむしっている様子などが確認され、施設の実態が明らかになった。翌日、記者たちは脱走者の扱いを探るために施設から逃げ出すことに。十数名の職員によって取り押さえられた記者たちは事務所に連行されたが、目の前にあった電話でなんとか待機していた仲間に救出を要請。ついに「岡田更生館」で起きた凄惨な事件が暴かれることになった。

認められなかった殺人・暴行

　ここまでなら痛快な物語ともいえるが、後味の悪さでもこの事件は特別級だ。事件発覚から1年後、裁判で施設の館長や職員らに判決が下されたが、その罪状は業務上横領や私文書偽造で、殺人・暴行は認められなかったのだ。

　また、１９７９年に真備町が編纂した町史には、なぜか事件に関する記述が存在しないなど、記録がきわめて少ないことも奇怪だった。１９８８年、亡くなった入所者たちを弔うために「命尊碑」と刻まれた慰霊碑と石板が建立されたが、地元民でもその存在を知る人は少ない。

　70人超という犠牲者の多さでありながら世間一般でも知られざる事件となっているが、一部のネット掲示板やオカルトマニアの間では「岡田更生館」の跡地に犠牲者たちの霊が現れるという噂が流れるようになった。施設の館長や職員たちが殺人・暴行で裁かれなかったため、彼らに苦しめられた犠牲者たちの怨念がいまだに漂っているというのだ。

　しかし、車で現地へやって来た私と芹沢は肩透かしを食らった。「岡田更生館」

はすでに存在せず、跡地は何の変哲もない更地と住宅地になっていた。ただ豊かな自然と田園風景が広がるだけで、到着まで緊張を持続していた二人の間に弛緩した空気が流れた。

「なんだよ、何もないじゃないか。せっかく来たのに、これじゃあな……」

芹沢の口から身もふたもない言葉が漏れる。しかし、我々にはもうひとつの目的がある。遺体を焼いて骨を埋めた裏山に建立された慰霊碑だ。「せっかくだから」ということで夜を待ち、アウトドア用のライトを手に私たちは慰霊碑へ向かった。

全裸で皮膚が焼けただれた「人間ではない者」

すぐに後悔した。慰霊碑は横溝の名作『獄門島』に登場する寺のモデルにもなった千光寺の東にあると事前に確認し、入り口も調べておいたはずだったのだが、真っ暗な山道を進むのは困難を極めた。慰霊碑へ続く道はどれなのか、そもそも道と呼べるようなものがあるのか……漆黒に包まれた山中で我々は息を切らしながら悪戦苦闘した。

謎の鳥居や祠を通り過ぎると、私たちは慰霊碑にたどり着いた。人の背丈より小さいくらいの石碑があり、その前には献花台があるが、花が供えられている様子はない。石碑が山の中にポツンとある光景に、時空の歪みに迷い込んだかのような錯覚を覚えた。

ライトの光を使って写真撮影し、それなりに満足感を覚えた私たちがその場を離れようとした刹那。目の前に人間が立っていた。いや、正確にいえば人間ではない。

こんな寂しい山の中に人がいるわけがない。しかし、それ以上に視覚的情報が「人ではない」と私たちに直感させた。

その「人間ではない者」は全裸で皮膚が焼けただれ、わずかに残っている皮膚には無数の赤い斑点や黒い痣があった。硬直した私たちに低いつぶやきが聞こえた。

「痛い……熱い……苦しい……」

私と芹沢は死に物狂いで逃げ出した。通ってきた道を全速力で逆にたどり、後ろも振り返らずに車までなんとかたどり着いた。

「見たか……？　何か聞いたよな……？」

私と芹沢が見たもの、聞いたものは同じだった。同時に幻覚や幻聴があったとも思えず、私たちはあの慰霊碑で「人間ではないもの」に会ったのだ。

これ以降、芹沢はオカルト趣味からすっかり足を洗ってしまった。私も「本物」に出会ったことで、いたずらにオカルトを追い求めるような気持ちはなくなり、普段はあの記憶を封印している。ただ、彼らの無念の声は後世に残しておかなければならない。だからこそ、私はあの夜の出来事をここに書き記したのだ。

「加茂前ゆきちゃん失踪事件」の町

〝外れ者〟たちが突然死する田舎町の怪

文・早川 満

社会人になりたてだった約30年前、家には寝に帰るだけの生活でテレビも新聞も目にしていなかった。そのせいで、当時誰もが知っていたようなことを案外と知らなかったりする。

「加茂前（かもまえ）ゆきちゃん失踪事件」について私が知ったのは、家庭用インターネットが普及してきた2000年頃のことだった。

事件が起きたのは1991年3月15日。学校から帰宅したはずのゆきちゃんが忽然（こつぜん）と姿を消した。家にはまだ温かい飲みかけのココアが残っていたという。

まったく手がかりのないまま時が過ぎた3年後。ゆきちゃん失踪への深い関与を匂わせながらも全体的には意味不明で、漢字とひらがな、カタカナを不規則に交えて書き連ねられた奇怪な手紙が加茂前家に届いた。このことで、事件は「極上のミステリー」として世間の好奇の目にさらされることになった。

こうした事件の概要をネットで発見した時、私は少なからずショックを受けた。この怪異な事件が起こった三重県四日市市富田というのが、まさに私の生まれ育った町だったからだ。事件発生の前にはすでに上京していたが、その頃からずっと、少なくとも正月ぐらいは帰省していたし、中学時代の同窓会にも参加している。それでいてなぜこれまで実家の家族も親戚も旧友たちも、いっさいこの事件を話題にすることがなかったのだろうか。

この件を知った当時、私は会社勤めをやめてフリーのライターの身になっていた。「ライターとしてのネタになれば儲(もう)けもの」との打算もあって、情報収集目的で一度帰省をすることにした。

近鉄富田駅に降り立ったのは平日の午後3時頃。ちょうどゆきちゃんが失踪したのと同じぐらいの時間帯である。急行停車駅ではあるが近くにこれといった企業などはなく、この時間だとたいていの男連中は四日市市街や名古屋市の職場へ働きに行っている。

駅前の通りは車2台すれ違うのがやっとというくらいの狭さで、そこを走る自動車よりもスーパーマーケットへ買い物に行く主婦たちの自転車のほうが多いぐらいだ。

　そんなところにもし誘拐犯がよそから来たのだとしたらきっと目立ってしょうがなかっただろう。「失踪直前にゆきちゃんが白いライトバンに乗った男と話していた」との目撃談もあるが、そのあとに車で連れ去られたとして、それを誰も見ていないというのは信じ難い。

「トミダの股割レ」

　実家に着いて「あれ、何しに来たん？」と突然の帰省に驚く母親を相手に居間で互いの近況をひとしきり話したところで、事件について切り出してみた。

「あの事件、何か進展はあった？」

「何のこと？」

「加茂前ゆきちゃんって子が失踪したっていう」

「ああ、そんなことあったねえ……」

　母親はそう言ってしばらく窓の外へ視線をやると、「そんなことより夜は何が食べたい？」と立ち上がり台所へ向かっていった。

　それから3日にわたって地元の同級生たちを訪ねて回り、事件について聞いてみたのだが、いずれも母親と同様の薄い反応ばかり。地元ならではの情報というのは一つも聞かれず、なんならネットで調べた私のほうが事件について詳しいぐらいだった。

そんななかでも一つだけ確信したことがあった。

怪文書にあった「トミダの股割レ」という記述。ネット上ではこれを「富田に住む売春婦」とする考察が多々見られたが、おそらく「売春婦」という解釈は誤りだ。

この田舎町はもちろん、三重県で一番の繁華街である四日市においてさえ、あの当時に立ちんぼ的な売春婦の噂はいっさいなく、またテレクラなどもまだほとんど浸透していなかった。不特定多数を相手にした売春行為が行われるとしたら専業の風俗店に限られるというのが旧友たちの一致した見解だった。

富田には町中から離れた国道沿いにポツンと一軒だけソープランドがあるが、しかし風俗店従業者の犯行ならば真っ先に捜査の手が及んでいたに違いない。

怪文書でも「股割レ（女）」が「アサヤン（男）」に「ユキチ（万札）ヲニギラセタ」となっていて、これを素直に読んだときには、女が男にカネを渡したということになるため、売春ではなく「女が男に貢いだ」と受け取るほうが自然だろう。となると「股割レ」というのは、単に女性を蔑称しただけのことではないのか……。

〝外れ者〟を排除するシステム

ほかにこれといった収穫はなく、諦めて東京へ戻ろうとした道すがら、実家から50メートルほど先の曲がり角の所が更地になっていることに気がついた。

かつてそこにはぼろい一軒家があり、「天魚」の号名で市報などに俳句を投稿するのが趣味の当時50歳前後の中年男性が住んでいた。仕事はアルバイトのようなことしかしておらず、町内の人々は、「いい歳の男がまともに仕事もしないで芸術家気取りで」と嫌っていた。近所付き合いが極端に悪かったことも嫌われた要因かもしれない。

そんな悠々自適にも見えた天魚さんは私が中学生の頃に突然亡くなった。早朝の港に浮かんでいたとのことだった。「朝釣りの際に誤って海に転落した」のだという。

だが天魚さんの亡くなった場所は護岸に囲まれた完全な内海で普段から波はほとんどない。船の入る港だから水深はそれなりにあったが、誤って水面に落ちたとしても近くには小型船が何隻も停泊しているから摑まるところはいくらでもある。季節的にはまだ秋口で、海に落ちてすぐに心臓麻痺を起こしたというのも考え難かった。むろん本当に事故だったかもしれないが、「事件」の線というのは本当になかったのだろうか。

そうして思い返すと私が子供の頃、近所であまりにも突然亡くなった人というのがほかにも何人かいて、そこに共通するのがいわゆる「近所の嫌われ者」という点だった。

そういえば私の祖父も近所からは「偏屈な変わり者」呼ばわりをされていて、家族もどこか腫れ物に触るような扱いをしていたのだが、祖父は病院で定期検診を受けた帰りの道で、突然の心臓麻痺を起こして亡くなっている。

この時、高校生だった私は「医者に診療ミスがあったんじゃないか」と主張したが、家族の誰一人として耳を貸そうとしなかった。

不意に疑念が持ち上がってきた。

「もしかして、この町には〝外れ者〟を排除するような何かしらのシステムが存在していて、天魚さんも祖父も、みんな暗黙の了解の下で〝処分〟されたのではないか?」

もちろん失踪時に小学校2年生のゆきちゃんがそれらと同列であるはずはないが、しかし、その近親者となるとどうだろう。そして怪文書も何かしらの警告のために送られたものだったのではないか。

そんなことを考えながら立ち尽くしていると突然、誰かの視線を感じ、背筋に悪寒が走った。私は恐怖のあまり振り返ることもできずにいた。そう、いまの私はまぎれもなくこの町にとって〝外れ者〟なのだ。

「加茂前ゆきちゃん失踪事件」について何の成果もないまま、私は故郷から逃げるように帰京の途についた。

中城高原ホテル

沖縄「チャイナタウン」祟りの連鎖

文・上原由佳子

かつて沖縄には中城（なかぐすく）高原ホテルという廃墟があり、有名な心霊スポットだった。通称「チャイナタウン」と呼ばれ、沖縄海洋博（1975〜1976年）に合わせてホテルは本オープンする予定だったが、先にオープンしていた施設に関して、「子供がプールで死んだ」「建設中に死亡事故が起こった」などの噂が流れ、さらに経営会社が破綻したことから本オープン前にホテルは廃業に追い込まれた。

それから40数年間、廃墟となった中城高原ホテルは心霊スポットとして沖縄県民なら誰もが知る存在となっていたが、2019年に解体され、現在は公園となっている。ちなみにチャイナタウンと呼ばれるようになった理由は、ホテルの見た目が中国の街並みに似ていたから。

この話はホテル解体の7年前のこと。私は彼氏の博（仮名）と友人の健吾（仮名）と健二（仮名）の4人で「チャイナタウン」に遊びに行った。最初は何も感じなかった。むしろ、ただの廃墟という印象だった。そんな軽い気持ちで行った「チャイナタウン」で、まさかこれほどの怖い体験をするとは予想もしていなかった。

私は博と二人で「子供が溺死した」というプールサイドでいちゃついていた。健吾が「そろそろ、帰るぞ」と声をかけにきた。そこで、初めて異変に気づくことになる。何を言っているのかはわからないが、子供の声がしたのだ。

健吾は、「死んだ子供が行かないでって言ってるんじゃないか（笑）」と茶化した。健二も何も感じていなかった。それどころか、健吾と健二の二人は廃墟を一周したというのに、「何もなかったし、まったく怖くなかった」と言い張る。しかし、恐怖がここから始まることになる。

博がやっとプールサイドから立ち上がり、私に「帰るか」と声をかけきた。

「立てない。本当に」

私はなぜか立ち上がることができなかった。友人たちは私がふざけているか、足が痺（しび）れているか、どちらかだと思っていた。

「立てない！　何かに足を掴（つか）まれている！」

取り乱す私に、博は「そんなことはありえないだろう」という様子で手を貸してくれた。

それでも私は立ち上がれない。博は焦り始め、友人たちはざわついた。まさか、こんなことがあるのか……という風に。3人がかりで私を引っ張り、やっと立ち上がれたのは10分後だった。さすがに3人とも恐怖を感じ、私たちはチャイナタウンから逃げるように車まで走った。そして車に乗り込み、落ち着くために明るい場所を探し求めた。

手形だらけのフロントガラス

近くのコンビニの駐車場に車を止め、コンビニに入り、飲み物を買った。そして、駐車場でいま起こったことについて話した。

「俺たちはプール以外、全部回ったけど、お前はプールでユンタク（おしゃべり）していたば？」

健吾が私に聞いてきた。

「うん、プールのところが静かだし、広すぎて全部回るのはダルいからずっとプールのところにいたよ」

「なんで、咲（私）だけ動けなかったのかな？　不思議だよな。いままでいろんな心霊スポット行ってもこんなことなかったのに」

そう博が答えたとき、私は気づいた。

「ねえ！　ちょっと、足首を見てよ！」

みんなの視線が私の足首に向かう。そこには手で摑まれたアザが残っていた。全員の顔が真っ青になる。冗談だと思っていたことが現実に起きていて、受け入れられない。私は恐怖でおかしくなりそうになっていた。そこで健二がもうひとつの異変に気づいた。

「ちょっと、車のフロントガラス見てみ？」

全員が車のフロントガラスを凝視する。手形がたくさんついているのだ。誰もフロントガラスになんて触れていない。そして、横の窓ガラスやリアガラスも手形だらけだった。

「健二が触ったんだろ！　しかまさんけ（怖がらせないで）！」

「俺、触ってない。自分の車に、こんな手形つけるバカいるか？」

「もう、帰ろうぜ。ヤバいだろ」

健吾と健二が言い争いになりそうだったのを、博が止めに入った。

帰り道、車内の空気は張り詰めたままだった。4人とも怯(おび)えていた。なんとか地元の那覇に着き、それぞれ帰宅することになった。

これだけで恐怖が終わればよかった。

3日後、車を運転していた健二は、道の側壁に突っ込む事故を起こし、半月間入院することになった。私の足首のアザは1カ月たっても消えなかった。

入院中の健二を除く私たち3人はすがる思いで、お寺でお祓いをすることにした。

終わらない厄災

寺に到着し、住職と会うなりこう言われた。

「君たち、行っちゃいけない場所に行ったね。誰か怪我しているでしょ。そこの女の子は取り憑(つ)かれているね。若い子は、刺激を求めて心霊スポットに行くけれども、人には、合う場所、合わない場所があるんだよ。今回は、合わない場所に行ったからこんなことになってしまったわけ。このなかで誰か、そこが入っちゃいけない場所だって感じた人はいないの？」

健吾が手を挙げた。

「何も感じはしなかったけど、入っちゃいけない感じはしました。なんていうか、拒否られているみたいな」

「それが入るなって合図だったのに、君たちは気づかないふりをして入ってしまった。だからこんなことになった。今日、お祓いするから、これ以上、悪くなることはないよ。でも、二度とチャイナタウンに行ってはいけないよ」

お祓いが始まり、3人とも黙った。全員が後悔している。健二は事故り、私の足首のアザは1カ月たっても消えない。博も健吾も「次は自分に何かあるかもしれない」と思っていたが、お寺にお祓いに行ったからか、その後は何も起こらなかった。

しかし、これで厄災は終わりではなかった。私は足首のアザが消えても恐怖で遠出ができなくなった。精神科に行った私は「不安症とパニック障害」の診断を受けた。近所のコンビニ程度に行動範囲が狭くなり、博は私の異変に耐えられなくなり、私たちは別れることになった。私は博と結婚すると思っていた。博もそう思っていた。それなのに、チャイナタウンに行ったことを機に、何もかもがおかしくなった。どれだけ悔やんでも、もう遅い。

健二は入院中から、責任と恐怖から重度の鬱病になった。退院してからも自宅から一歩も出られず、仕事も辞めた。

チャイナタウンに行った仲間とは距離を置くようになり、結局は連絡を取らなくなってしまった。

恋人を失った私は、それ以来誰とも付き合わず、いまも家に籠っている。

数年後、健二が自殺したと親から聞いた。

チャイナタウンが公園になった現在、誰かが私たちのようにならないことを祈るしかない。

識名霊園

死や暴力を引き寄せる沖縄の霊場

文・上原由佳子

　私が生まれ育った沖縄県那覇市の真和志（まわし）地区は、霊的な話が多いことで有名だ。人魂が出ることで有名だった小学校の裏門の地面から、沖縄戦で亡くなった人の遺骨が発見されるなど、こうしたエピソードを私は数多く耳にしてきた。

　だが今回お伝えしていくのは、私が実際に体験した識名（しきな）霊園での不思議な話だ。これはよく聞く心霊エピソードの類（たぐい）ではない。私自身の身に幼少期から起こり続けている深刻な問題だ。

　私が小学生の頃だった。識名霊園の近くにある祖父母宅に向かおうとすると、その手前で意識が飛ぶことが何度もあった。その度に、私は「白い空間」に閉じ込められ、そこに黄色い紅型（びんがた）の琉装（りゅうそう）（琉球王朝時代の民族衣装）を着た2人の女性が現れ、こう言うのだ。

「あなたは、こちら側の人間だから来なさい」

「嫌だ、帰りたい」

歴史的事実として、琉球王朝時代に黄色い紅型を着ていた女性というのは士族と決まっている。琉球王朝時代の士族が、平成に生きる小学生の私を白い空間に閉じ込める意味が理解できなかった。私が帰りたいと強く願うと、いつもなんとか白い空間から抜け出すことができた。しかし、これが数回続いたため、しばらく祖父母宅に行けなかった。

後日、児童館に向かうため、幼馴染の咲（仮名）と識名霊園の道を歩いていると、急に意識が飛び、私はまた例の白い空間に閉じ込められた。

「お前は行かさない」

嫌な声が聞こえた。水の中に引きずり込まれるような感覚を覚え、私が朦朧（もうろう）としていると、突然、咲の声がした。

「由佳子（私）！　何してるの⁉　なんで動いてないの？　大丈夫？」

咲の声で私は白い空間から抜け出すことができた。これ以来、私は識名霊園に近づかないように、児童館に通うときはいつも遠回りして行くようになった。

水の中に引きずり込まれる

中学生の頃、識名霊園は私が所属するグループの溜まり場だった。それでも、私は識名霊園に行かないようにしていたのだけれども、私の友人たちはよく遊びに行っていた。ある日、同級生の菜緒（仮名）ちゃんが「いま墓の上から人が落ちてきた！」と叫び、走っていなくなったらしい。結局、菜緒ちゃんは家に戻っていたが、その間の記憶は失っていたという。

高校生になっても、識名霊園には近づかないようしていた。その甲斐もあってか、以後は白い空間に閉じ込められることもなく、私は普通の生活を楽しんでいた。

高校3年の時、私が運転するバイクの後ろに咲を乗せ、地元の先輩たちとツーリングをしていた。先輩が先導するままの道順を走っていたその時、私はふと気づいた。

「ここは識名霊園の道だ!!」

急に意識が飛んだ。また私は白い空間に閉じ込められた。小学生の時と違い、今度は明確に水の中に引きずり込まれようとしているのがわかった。朦朧とするなか、後ろから咲の叫び声が聞こえた。

「由佳子！　危ない！　車にぶつかる！　前見て！　ブレーキ！」

私は突然、元の世界に戻った。

咲の叫び声が聞こえなければ、前から走ってきた黒いセダンにぶつかる寸前だった。あと5メートルほどの距離しかなく、ギリギリで車を避けることができた。意識が戻るのがあと少し遅ければ、私たちは即死だった。

その日から私は水が怖くなった。恐怖症ともいえるレベルだった。白い空間で誰かが私を水の中に引きずり込もうとしているのを、明確に認識したからだ。大好きだった海水浴に行かなくなり、ビーチパーティーもすべて断った。楽しい青春時代を沖縄の海で遊ぶことができなくなった。

シャワーを浴びるのも、顔を洗うのも怖かった。メイクを落とすのは時間がかかるため、すっぴんで過ごすことが増えた。

水に触れるだけで、背筋がゾッとする。そんな深刻な状態だった。

生きている人間を死の世界に引きずり込む

1年後、母が私の様子がおかしいことを察し、私は、識名霊園のこと、白い空間のこと、水の中に引きずり込まれそうになることを母に伝えた。

心配した母の提案で、霊媒師の「ユタ」に話を聞いてもらうことになった。ユタは、歴史的に沖縄の文化では広く受け入れられている占い師のような存在だ。

そのユタは女性だった。ユタは私に会うなり説明を聞くこともなくこう言った。

「バイクで識名霊園に行った？ 引っ張られたでしょ？ 水死した人が憑いている。水が怖いよね」

「あ、はい……。バイクで識名霊園に行ったし、水が怖くて海にも行ってないし、お風呂も怖いです」

「今日、お祓いするから大丈夫。ところで、あなた刺青入っている？ あなたの生まれ年、辰年だね。神様が来ているよ」

「え!? たしかに生まれ年の辰の小さな刺青を入れてます」

「神様は見守っているだけだから問題ないよ。お祓いしよう」

ユタは紙に何かを書き始めた。それを灰皿の中で燃やし始める。火は消えたが、紙は完全に灰にはなっていなかった。わずかに燃え残った紙のあたりに何か不思議なものが見えた。

「あの……、何か見えるんですけど、気のせいですか？」

「あっ、あなた、これが見えるということは、霊的な力が強いのね。あなたが見たのは、いま祓った水死した女の霊だよ。識名霊園であなたを水の中に引きずり込もうとした霊だと思う。あなた、それだけ霊的な力が強いと、いままでいろんなことがあったでしょ？　神様はあなたの力に惹かれて来ていたのかも。観音様ね。なぜ神様が来ているのか不思議だったけど、それなら納得できる。ほかにも何があったか話してくれる？」

「うちのお父さん、私が中1の時に亡くなったんですけど、死の数日前に家の上に黒い渦が見えたんです。で、後日、隣の家でも見えて、そしたら隣の家のおじさんも亡くなって。向かいの家でも同じことがありました」

「それ、ユタの間では〝嵐の目〟って言うんだよ。嵐の目まで見えるってことは、かなりの力を持っているってことだよ。普通に霊感があるのとはちょっと違う。人が死ぬのがわかるわけだからね。ユタでも人の死までは見えない人もいるんだよ。だから、変な霊が見えてそれに引っ張られるのかもしれない。あなたの力が強すぎるから。霊的な力が強い人が霊の多い場所に行くとトラブルに巻き込まれるから、識名霊園には絶対に行かないで」

「でも、幼馴染の声だけは聞こえて、それで助かったことが2回あったんです」

「それは、幼馴染があなたを守っているってこと。それだけあなたとの精神的な繋がりが強いの。他の人じゃダメなのよ。とにかく、霊に近づいちゃダメ。とくに一人のときは。あなた、このままだと識名霊園に殺されるよ。霊的な力が強い人間に霊は近づいて来るから」

背筋が凍った。

ユタが言うには、識名霊園は、首里城と識名園という琉球王朝時代の霊的な力の強い場所に挟まれている。そのため、その霊的な力に負けてしまい、首吊り自殺があったり、人が殺されたりしたこともある。霊園では中高生のリンチもよくある。霊は時に、生きている人間を死の世界に引きずり込もうとする。識名霊園は死や暴力を引き寄せる場所なのだ。犬を散歩させれば、見えない何かに威嚇を始める。先祖が識名霊園に祀られている人以外は、うっかりと近づいてはいけないという。

「あなたには水死した人がついていた。だから水が怖かったんだよ。でももう大丈夫。これからも識名霊園には近づかないようにね」

最後にユタはそう言って、私を送り出してくれた。

この原稿を書いているいまも、小さな雑音が気になり、なぜか腕が重く感じてしまう。まるで、書くことを拒まれているかのように。これは、私が識名霊園のことを「名指し」で書こうとしていることに原因があるのかもしれない。

沖縄では、「指でお墓を差してはいけない」といわれている。運が悪ければ、死んでしまうかもしれないから、だと。

観光客を乗せたバスが高速道路を走るとき、識名霊園のそばを通る。気をつけてほしい。もし観光中のあなたが、沖縄の墓の珍しさに心を奪われ、識名霊園を指差してしまったら……楽しい観光は、一転して、死出の旅になってしまうかもしれない。

歌舞伎町自殺ビル

死に吸い寄せられる「ケガレチ」の中心

◆都市ボーイズ・岸本 誠

私の生まれた病院は歌舞伎町にある大久保病院です。大久保病院といえば、様々な事情を抱える方が運び込まれ、歌舞伎町という土地柄、いまはあまり生命が生まれるというイメージは薄いかもしれません。

しかし、私は生まれも育ちも新宿。遊びに行くのは花園神社や歌舞伎町のゲーセン、カラオケが多かったので、歌舞伎町には小さい頃から親しみがありました。

こう話すと「父親はヤクザで母親は風俗嬢ですか」と言われるんですが、全然そんなことはない、普通の家庭です。そんな感じで「歌舞伎町は怖い街」というイメージが世間では強いですが、私自身、歌舞伎町で怖い人に絡まれたのは人生で3回くらいしかありません。ただ、振り返ってみると暴力団抗争やビル火災は頻繁に起こっていて、普通の人に比べたら感覚が麻痺していた部分もあったと思います。

2001年に発生し、多くの人が亡くなった歌舞伎町ビル火災事件も世の中では大きな話題になりましたが、当時の私はまったく関心を持っていませんでした。それくらい、歌舞伎町とそこで起きる事件、事故は当たり前のように存在していたのです。

ただ、いまとなっては地方出身の方とは違って、やはり特殊な環境だったと思うことは多いです。例えば子供の頃、友達はみんな警戒心が強かったように感じます。地方出身の方からは家に鍵をかけない、友達の家に勝手に入れるとかセキュリティ意識がゆるい話をよく聞きますが、私の地元、つまり新宿ではありえなかったですね。家に鍵をかけるのはもちろんですが、友達でも家に入れてくれないとか、そもそも家の住所を教えてくれない友達もいました。

あと、振り返って歌舞伎町ならではだなと思ったのは、同級生の親がヤクザだったこと。意外にもそういう親の子供がいじめられていたんですが、いま考えたらいろいろと恐ろしい話です。

同級生がそういう訳ありな家庭だったからか、新宿という土地柄がそうなのかわかりませんが、同級生には学校を卒業後に飲食店などで働いて歌舞伎町の住人になったり、裏社会に「就職」していく者も多かったです。このような同級生とのつながりもあって、私には歌舞伎町の情報が入ってきます。いまではテレビの裏方やオカルト系の仕事をさせてもらっていますが、歌舞伎町の人脈はかなり役立っています。

歌舞伎町の「寝下座部屋」

もう少し、歌舞伎町らしいエピソードを紹介します。ある時、一緒に遊んでいた友人が、私が目を離した隙に歌舞伎町のドン・キホーテ前で中国人らしき男性と言い合いをしていたんです。相手の中国人はすごく線も細かったし、友人も酔っ払っていたので私が「まあまあ」と止めて、その日は事なきを得ました。

そんな出来事をすっかり忘れていた数年後、私はテレビ番組の仕事で裏社会系のライターさんと一緒にヤクザの方と打ち合わせをしていました。その時に、喫茶店の椅子に座るヤクザの隣に見たことがある青年が立っていました。それはかつて友人が絡んでいた中国人だったんです。明らかに体も細いし、裏社会特有のゴツさもなかったので、「どこにでもいる青年でヤクザっぽくないなあ」と思ってたんです。

打ち合わせが終わったあと、同席していたライターさんに「あの中国人の青年はヤクザの新入りなんですかね」って聞いたら、「あれはヒットマンだよ」と教えてくれました。ライターさんいわく、数万円で人を殺す請負人が各ヤクザ組織にはいるらしいんです。そういう何でも屋的な職業には外国人が結構いるといいます。友人が言い合いになった時、すでに彼はヒットマンをやっていて、もし私が友人を止めていなかったら……。そう考えるとかなり怖かったです。

中国人のマフィアや裏稼業の人は、日本のヤクザやチンピラと違って風貌がめちゃくちゃ普通で、学生やサラリーマンのような見た目です。そういうこともあるので、歌舞伎町では中国人と喧嘩しないほうがいいのです。

ほかにも、ラブホテルの清掃をやっている友人から聞いた話で「退室後の部屋にはクスリを打った注射器がごろごろ転がっている」など歌舞伎町らしい話題には事欠きません。

歌舞伎町には、事情を知っている人はあまり近づかない、いわくつきのビルがいくつかあります。その一つは「いつも人が倒れている部屋」があるビル。これは歌舞伎町では有名な噂になっていて私の地元の友人も結構知っている人が多いです。人が倒れているのに、「その部屋には絶対に入ってはいけない」ともいわれています。

これは私の友人が実際にその部屋に入ってしまった話です。ある時、ビルに入っているカラオケに友人が行ったそうです。カラオケはカラオケでも、そこのビルに入っているのは「カラオケ館」などのリーズナブルなチェーン店ではなく、ちょっと高級なカラオケ店です。

友人がカラオケの途中でトイレに行こうとしたところ、ある部屋の扉のガラスから倒れている人の足が見えたそうです。カラオケの部屋の扉に入っている窓は上下から中が見えて、中央がすりガラスになってますよね。その下のガラスから男性っぽい足が見えたそうです。「ほんとに人が倒れている！」と思い、トイレからの帰り際にもう一度見たらまだ倒れていた。しかも、人が倒れているにもかかわらず、その部屋ではほかの客が大いに盛り上がっていたようです。もしかして殺されてるんじゃないかと思って、友人は店員に連絡して、とりあえずあとを頼みました。

その後、友人はひとしきりカラオケを楽しみ、帰ろうかというときにもう一度、その部屋を見たそうです。すると、まだ人が倒れていた。しかも、ほかの客は倒れている人を置いて出て行ったようで、中には誰もいなかった。これはいよいよマズイと思って、友人が部屋に入ると、外からは見えていなかったもう一人も床に突っ伏していた。その部屋では2人が倒れていたことになります。

安否を確認しようと友人が倒れていた男の体を揺らすと、男はゆっくりと起き上がって、彼を睨(にら)みつけたんです。その顔は下品な言葉などが書かれて落書きまみれ。しかも、よくみると倒れていた男たちの風貌はチンピラそのものでした。「これは絡んではいけなかった……」と友人が後悔したのも時すでに遅し。落書きまみれのチンピラはものすごい剣幕で「てめえ、誰に何しとんのかわかってんのか?」って友人に詰め寄ったそうです。

友人は謝り倒してその場を凌(しの)いだそうですが、のちに私がヤクザの知り合いにそのことを話したところ、「それは寝下座」だと教えてくれました。寝下座とは、何かをやらかした下っ端を土下座をさせ続けるという最上級の辱(はずかし)めなんだと。寝下座させたまま、放置することもよくあるみたいです。そのヤクザたちは、いつも例のカラオケを使っているみたいで、それを見たお客さんが「人が倒れている」と言って、噂になったようです。歌舞伎町には「寝下座部屋」もあるということですね。

もし、寝下座を見かけたら絶対に部屋には入らないように。

「死にたい」気持ちが強くなる空間

歌舞伎町にはもうひとつ有名なビルがあります。それが通称「自殺ビル」。これは地元住民はもちろん歌舞伎町にゆかりがない人でも知っているようで、私自身もよくこの自殺ビルについて聞かれます。全国的に有名なビルです。

歌舞伎町では都市伝説的なある噂がありますが、おそらくこの自殺ビルから始まったものだと思います。

その噂とは「歌舞伎町では下を向いて歩いてはいけない。上を向いて歩け」。まことしやかにささやかれているこの噂は、要するに飛び降り自殺する人が多いから、歩いていて巻き込まれないよう上に注意しろ、という意味です。私はさすがに「かましすぎだろ」と感じてはいますが、過去にそういう巻き添え事故も起きていますし、〝自殺ビル〟と呼ばれるほどの飛び降り多発ビルがあることも事実なので、あながち嘘ではないんですね。

その自殺ビルはDというビルで、歌舞伎町の中でも結構奥の方にあります。Dは多くのホストクラブがテナントに入っている、いわゆるホストビル。

私にとっては自殺ビルというよりも心霊スポットとしての印象が強いビルでし

た。エレベーターに飛び降り自殺した女性の幽霊が出るとか、ゴミ捨て場で変な現象が起きるとか、そういう話が多かったからです。いろいろな噂があるため、私の歌舞伎町の知り合いも行きたがらないビルでした。ホストクラブのビルなので、男性はあまり用がないし、女性でも普通の人はなかなか歌舞伎町の奥地まで踏み入りません。

そんないわくつきビルから飛び降りる自殺者のほとんどは女性です。ホストクラブがテナントとして入っているので、男女の痴情のもつれが原因で、「お気に入りのホストに貢いだけど裏切られた」「掛け（ホストクラブへの借金）で首が回らなくなった」などの理由がほとんどです。「来てくれないと飛び降りる」と言わんばかりにホストの迎えを待ち、Dビル屋上のへりに佇む女性の写真がSNSで拡散されたこともありました。

私自身もビルのなかに入ったことがなかったのですが、いろいろと自殺ビルについて聞かれるうちに、実際に行ってみることにしたのです。

幽霊が出ると呼ばれるエレベータではとくに何も起こらなかったので、飛び降りる人の気持ちを理解するため最後の景色を見たいと思い、屋上に続く階段を登ってみました。階段を登ってすぐに感じたのは異様な臭いです。あえて表現する

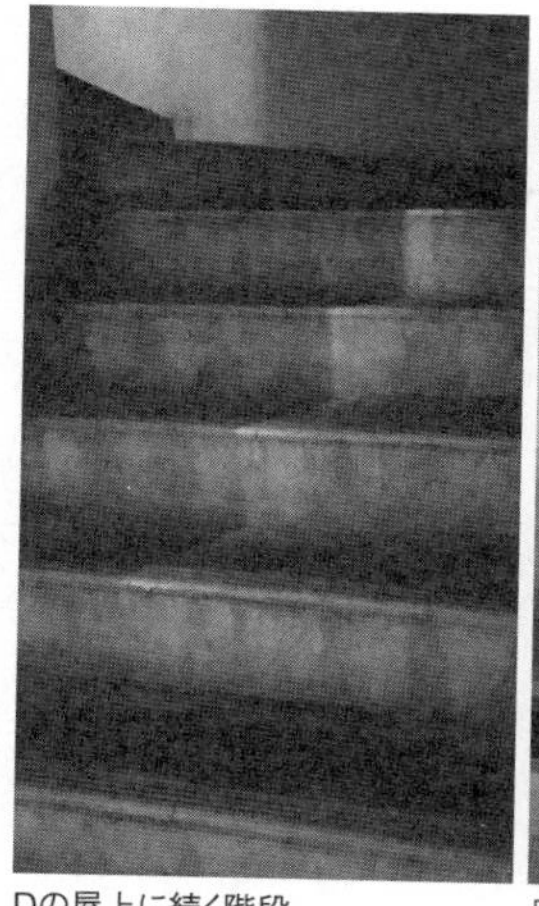

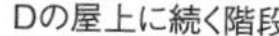

Dの屋上に続く階段

「自殺ビル」として有名なD

ならば、小便と精子とアルコール、それにタバコが混ざったようなめちゃくちゃ気持ち悪くなる臭いです。階段はビルの外についているのですが、覆いがしてあり、完全に外の景色が見えないようにされていました。閉ざされた空間で、この臭いが続くのはかなり堪えます。私自身はもちろん死ぬ気なんてさらさらなかったのですが、自分がどんどんネガティブな気持ちになっていくのがわかりました。この臭いと閉ざされた空間では自殺を考えている人が思い直す要素は皆無で、むしろ「死にたい」という気持ちがどんどん強くなると感じました。

不思議だったのは屋上に近づくにつれて、臭いがどんどん強くなることでした。本来なら地下にあるゴミ捨て場がいちばん臭くて、屋上にいくにつれて臭いが弱まるはずです。逆に階段を登るごとに臭いが強くなるので、一歩一歩死に近づいているような感覚に陥ります。

私が訪れた時には、屋上に出るドアのノブはすでに外されていて、絶対に開けられないようになっていました。ただ、かつてはノブもついていて、自殺する人はここを開けて、屋上に進んでいったということは容易に想像できます。聞くところによると、黄色いテープで封鎖されていた時期もあったらしく、それも乗り越えて屋上に出た人もいたようです。ドアが閉ざされているとはいえ、不思議と屋上に吸い込まれる感覚がありました。

1カ月に7人が飛び降り

そんな自殺ビルでは多い時期には未遂も合わせて1カ月に7人が飛び降りました。歌舞伎町は自殺が多い地域ですが、一つのビルでこれほどまでの人数が飛び降りるのは異常です。

歌舞伎町はDよりも高いビルや屋上に出られるビルは山ほどあるし、ホストクラブも星の数ほどあります。しかも、Dに入っているホストクラブはそこまで有名なホストがいるという話も聞きません。それなのに、Dに女性の自殺者が集まるというのはかなり不可解なんです。

その理由を私なりに調べてみると、結論として「ケガレチ（気枯地）」が原因としてありえると思いました。ケガレチとは植物が育ちにくかったり、事故が多発したり、いわゆる〝よくない土地〟のこと。そういう土地には神社なども建てないそうです。ちなみにケガレチの逆で、いい土地のことは「イヤシロチ（弥盛地）」といいます。

ケガレチの特徴としては、なぜかカラスが集まってくる、水や食べ物が腐りやすい、異臭がするなどがあり、これは歌舞伎町そのものです。Dはそのケガレチの濃度が高いというか、中心地なんだと思います。私が階段で感じた異様な臭いもケガレチのせいなのかなと推測しています。事実、事故物件サイトの「大島てる」を見てもわかるように、歌舞伎町の中でもD周辺での自殺件数は比較的多いのです。ケガレチは人間の心身の健康にも影響を及ぼすとされ、ネガティブな感情を持った人々が、その中心に集まってきているのではと私は考えています。

いまは屋上が封鎖されているので、もう自殺者は出ないだろうと私は思っていました。しかし、その後もDで自殺が起きているという噂を耳にすることがあったのです。屋上に出られないため飛び降りることは不可能なはず。そのため私はデマか心霊現象だろうと思い、あまり関心を寄せていませんでした。よく、自殺スポットでは幽霊が繰り返し飛び降りをしているのを見た、という話を聞くのでそれだろうと。

しかし、実際に救急車や警察が集まっている写真をSNSで見ると、どうやら本当だった。不思議に思い、いろいろ聞き込みをした結果、Dの向かいのビルから飛び降りたのです。となると、落下地点はDから飛び降りた場合と同じ。Dの屋上が封鎖されたいまなお、落下地点に吸い込まれて、自殺する人がいるのです。近年でも、D付近で飛び降り自殺者とぶつかって重傷を負った歩行者がいました。

「歌舞伎町では上を向いて歩け」

D付近を通る際は、この言葉を思い出してください。

ちなみに、ホストにもこの自殺ビルについて聞いたことがあります。なにせ、自殺者の女性はホストと関係をこじらせた末に飛び降りているんですから、彼らはそのことについてどう思っているんだろうと。

すると、ホストの多くはお客さんが自殺することに関して何も感じてないようでした。「勝手にやってることだから」と、慣れている様子なのです。ある意味、自殺ビルよりも怖い存在です。

こうした痴情のもつれに関わるものは歌舞伎町付近には多くあります。

例えば歌舞伎町から少し離れた新宿二丁目にある成覚寺（じょうかくじ）というお寺。ここは1594年に創建されたと伝わっており、江戸時代には身寄りのない遊女の遺体を放り込んだ、投げ込み寺だったそうです。遊女たちは身に付けていたものを剝ぎ取られて俵に詰められて葬られました。成覚寺に葬られた遊女の人数は2000～3000といわれています。

また、境内には彼女らの供養碑である「子供合埋碑」、玉川上水で心中した男女らを供養する「旭地蔵」などの文化財も残されています。

いまも昔も男女間のトラブルが新宿では頻発していたということです。痴情の果てにDで自殺した女性たちも、いまは安らかに成仏していることを願っています。

第三章
怖い島の話

売春島

島の「闇」を象徴する忘れ去られた失踪事件

文・佐藤勇馬

三重県志摩市の東部、牡蠣(かき)の養殖が盛んな的矢(まとや)湾に浮かぶ渡鹿野島(わたかのじま)。周囲7キロほどで、人口わずか200人ほどの小さな離島だ。

基本的に対岸から民間定期船や県が運営する無料定期船に乗っていくしか渡航手段はなく、取り立てて大きな産業や観光名所があるわけでもない。しかし、かつてこの小さな島には収まりきらないほどの男女があふれ、夜ごと狂騒が繰り広げられていた。

なぜ小さな離島にそれほどの人が集まったかといえば、島全体で「売春」を主要産業としていたためだ。当時の渡鹿野島はのどかな離島ではなく、女の肉体に群がる男の欲望とカネをのみ込む「売春島」だったのだ。

渡鹿野島の色街としての歴史は古く、江戸時代の頃から船乗りらを相手とした遊女たちが集まっていたと伝えられている。

1957年に売春防止法が施行され、政府から売春を黙認されていた「赤線地帯」や非合法の「青線地帯」はほぼ消滅したが、渡鹿野島は小さな離島という環境ゆえに取り締まりの目をかいくぐり、密かに売春が行われ続けた。島にはスナックやパブを隠れ蓑（みの）にした「あっせん所」が林立し、いわゆる「置屋（おきや）文化」が形成されていくことになる。

警察もまったく知らぬふりだったわけではなく、1971年には三重県警の男性警部補が潜入捜査官として島に上陸。ところが、警部補は取り調べた置屋の女性と「いい仲」になってしまい、それが発覚したことで諭旨免職に。その後、置屋の主人となって家出少女らを雇って売春させ、数年後に逮捕されるという「ミイラ取りがミイラ」の典型のような顚末となっている。以降は島民全体の警戒心が強まったようだ。

反社会的勢力が暗躍

当初、島に集まる女性の多くは赤線や青線の廃止で働き場を失った娼婦（しょうふ）たちだった。しかし、国家権力すら籠絡（ろうらく）される「売春島」に反社会的勢力が目をつけ、借金を背負った女性や暴力団に売られた女性、ホストにだまされた女性などが島に送られてくるようになる。小さな離島で船しか交通手段がないため、そうした女性が逃げ出さないように監視するには打ってつけの環境だ。

結果、全国からワケありの女性たちが続々と送り込まれ、暴力団員や「人身売買ブローカー」らが暗躍。1970年代後半から1980年代にかけての最盛期には、人口200人ほどの島に60～70人の娼婦がいた。女を目当てに多くの男たちが来島し、地方の消防団や農協などの慰安旅行先にも選ばれるなどしたことで、当時は大型ホテルやパチンコ屋、カラオケ屋、ヌードスタジオ、裏カジノなどが建設され、目抜き通りは肩がぶつかり合うほどのにぎわいとなった。当時を知る人によると「桃源郷のようだった」という。

システムとしては、旅館がスナックやパブを直営し、そこに娼婦がコンパニオンとして派遣され、男性たちが接待を受けながら「今夜の相手」を選ぶ。建前上は「コンパニオンと客が恋に落ちて結ばれた」ということになっており、「自由恋愛」の結果として金銭を介した性行為が行われた。通常は客がとった旅館の部屋を使うが、最盛期は客が多すぎて部屋が足りず、娼婦が暮らしている寮や置屋の一室などでもコトが行われたという。

1980年代後半からは好景気によってワケあり女性が集まりにくくなり、外国人女性を雇うケースが増加。フィリピンやタイなどの女性が娼婦として働いた。彼女たちは日本人に比べて低賃金だったことで重宝され、客からの人気も上々だったようだ。

この「売春島バブル」を陰で支えたのが、一致団結した島民たちの警戒心の強さである。前述したように島民たちは警察の動きに注意深くなり、当時から島の秘密を暴こうとする報道機関があったため、マスコミに対しても強い警戒を示すようになった。

いくら多くの客や娼婦が出入りするようになったといっても渡航手段は限られていたため、来島者をチェックすることは容易だ。島全体で入島者の情報を共有し、私服刑事の可能性があれば、置屋であるはずのスナックやパブに入っても売春の話題がいっさい出ないという、徹底した捜査対策を敷いた。また、島内で置屋や娼婦たちの寮などを撮影すると、どこからともなく男たちが現れてカメラを取り上げげられたうえに暴行され、口外を固く禁じられるということもあったと伝えられている。

これは「売春島」の存在を公にしないためのマスコミ対策であり、単に興味本位でカメラを構えていた一般の観光客が被害に遭ってしまうケースもあったという。

過去の「闇」を無慈悲に封印した島

売春島の秘密が暴かれて困るのは島民だけでなく、その利権によって潤っていた暴力団も同様だった。暴力団員たちは、島の利権を守るためなら手荒なこともいとわず、それがある意味で売春島の秩序を保っていた。

そうした島の「闇」を象徴する出来事として語られているのが、1998年に起きた女性ジャーナリスト失踪事件。三重県伊勢市内で地域雑誌『伊勢志摩』(現『伊勢人』)の編集記者を務めていた当時24歳のA子さんが、勤務先を出たあとに行方不明となった事件だ。

20年以上がたった現在も捜査は続けられているが、有力な手掛かりは得られていない。

かねてから彼女は「売春島」の人身売買組織について調べていたともいわれ、失踪前に旅していたタイでその売買ルートに関する情報を入手していた可能性があると、事件当時、一部メディアで報じられた。

事件は未解決のままで、真相は闇の中。しかし、当時の売春島がいかにタブーな存在だったかを物語るエピソードといえる。

日本最高峰の「ヤバい島」だった渡鹿野島は現在どうなっているのか。私は、3年前に島を訪ねている。島は2013年に行政機関と連携して「渡鹿野島安全・安心街づくり宣言」を発表。性産業に絡んで生じた負のイメージを払拭し、健全な「リゾート地」として生まれ変わると宣言した。

実際、もし売春島のイメージで同島を訪れると肩透かしを食らうことになる。おどろおどろしい「売春島への渡し舟」という印象だった定期船は、新しくきれいで負のイメージはいっさいない。島には、リゾートホテル風の大型旅館などが新たに建設されており、来島者の大半は観光目的の家族連れやカップルだ。

かつて島を潤した売春産業は性風俗の多様化によってほとんど崩壊し、置屋だったスナックやパブは軒並み閉店。多くの旅館が廃墟のまま放置されている。若干、ポン引き風の老婆や妖艶（ようえん）な女性が町におり、コンパニオンを呼べる旅館もあるが、往時の面影はなく、本当に渡鹿野島は「健全な島」に生まれ変わっていた。

私は、「安心安全で健全」な現在の島の様子と、かつて確実にあった「闇」とのあまりの落差に、A子さんの失踪事件すらなかったことにされているように感じた。島は「闇」を享受して栄えたことがあったはずだ。この「すべてをなかったことにする」無慈悲な変わり身に、私は恐ろしい感触を覚える。

「個人」と「外国人」に二極化される売春システム

◆都市ボーイズ・岸本 誠

現在、風俗店は女性の独立の踏み台に使われ始めています。多数の風俗店に在籍し多数の太客（ふときゃく）を獲得した女性は、その後、個人的にその太客とだけ売春を行っていくのです。お店に中抜きされず、売り上げは当然倍増どころではなくなります。ＳＮＳの発達でこのような女性が増加し、今後、風俗店はどんどん潰れていく傾向にあります。一方、繁華街で直に客引きを行っている「立ちんぼ」の数が減っています。彼女らは領事館職員からマフィアまで受け入れる外国人客専門の裏風俗に流れているといいます。こうした裏風俗が組織化され、立ちんぼたちがスカウトされているというのです。今後の風俗は、ＳＮＳで日本人をターゲットとする個人風俗嬢と、外国人をターゲットにする組織化された裏風俗店に二極化していくかもしれません。

日本兵島

バリの地に散った日本兵の霊が憑依する墓地

文・早川満

大学生だった私が友人の岡林（仮名）とともに夏休みの旅行でバリ島に向かったのは、彼の地が日本で観光地としてメジャーになる90年代よりも少し前のことだった。たまたま知った妖しいバリの音楽に魅せられたというのもあったが、それに加えて「あまり日本人が行かない所へ行きたい」という若さゆえの粋がった気持ちも少々あった。

欧米ではすでに人気のリゾート地だったので、それなりに観光スポットは用意されていたが、それらを巡ってしまうと夜のガムラン（インドネシアの民族音楽）見学までとくにやることもなく、私たちは浜辺に腰を下ろしてぼーっと海を眺めていた。

そこに背後から、「オマエタチ日本人カ？」と片言の日本語が聞こえてきた。

振り返ると日焼けした肌に深いしわの刻まれた老人がいた。聞けば太平洋戦争時にこの島を占領していた日本軍の兵士から、言葉を教わったのだという。

老人は沖合に見える小島を指すと日本語と現地語を交えながら、どうやら「手漕ぎの舟を貸してやるからあの島へ行ってみろ」というようなことを言っているようで、私たちは好奇心から島に向かってみることにした。

慣れない手漕ぎに苦戦しながらも小島に着くと、岸辺から南国の木々が鬱蒼と茂る林の中に向かった。林の中には人が歩いて固めたらしい細い道が続いていた。それに従い進んでいくと、突然、林の中に空間が現れた。広さはテニスコートぐらいだろうか。そこには苔むした石柱がいくつも立ち並んでいた。長年の風雨にさらされたせいだろう、石柱に刻まれた文字はすり減っていた。それがお墓であるらしいということだけは理解できた。岡林が言う。
「イスラムもヒンズーも墓は持たないから、つまりこれは日本人の墓ってことか」

戦時中だけでなく、戦後もこの地に残留した日本兵は、インドネシア独立のための戦いに加勢したという。あの老人は「同じ日本人の墓参りをしろ」と促していたわけだ。

「早く日本に帰りたい、帰りたい」

リゾート気分から一転して神妙な心持ちとなり、２人揃って墓石に向かい手を合わせたのだが、そのとき突然、なにやら周囲の空気が密度を増したかのような感覚に襲われた。「ズン」と体が重くなり、めまいで周囲の木々がゆっくりと回り出した。

岡林の方に目をやると、彼は彼で頭痛がするのか頭を押さえている。

「なんだか急に具合が悪くなってきた」

「俺もだよ」

体を引きずるようにして舟まで戻り、なんとか元にいた浜までたどり着くと、先ほどの老人が笑顔で近づいてきた。私たちは無理に笑顔をつくって「ありがとうございました」とお辞儀をすると、老人も笑顔のまま胸の前で手を合わせていた。

とにかくいったん宿泊先の部屋へ戻ったが、ベッドに横たわって小1時間ほどたっても体の不調はいっこうに戻る様子がない。

「日本兵の霊に祟られた？」

「バカ言うな。慣れない海外で疲れが出ただけだろう」

理系学生の岡林は普段から「オカルト嫌い」を公言しており、私のような文系連中が心霊話などに興じていると、「科学的じゃない」と小馬鹿にしてくるのが常だった。

すっかり日が沈んだ頃、私は事前に予約していた「ガムラン見学」が気になっていた。もともとの旅行の目的の一つだし、かなり具合が悪いとはいえ歩けないほどではない。私よりつらそうなままの岡林を部屋に残し、一人でホテル近くのガムランの会場に向かった。

青銅製の琴や笛太鼓が混ざり合う幻想的なその音階は頭の芯にまで響いてくるようで、最初はめまいがさらに悪化したようにも感じられた。

ところが、終演時にはなぜかすっかり体調が戻っていた。

「なあ岡林、お前もガムランを聴いたら治るかもよ？」

「たまたまだろ」

「ガムランはもともと悪霊祓(ばら)いの意味もあるっていうから、その効果があったのかも」

この言葉がオカルト嫌い岡林の癇(かん)に障ったのか、「そんなことあるわけねえよ！」と頭から布団を被ってしまった。

その夜中のことである。

なにやら物音がして目を覚ますと、岡林がベッドの上に座り込んでぶつぶつと何言かをつぶやいていた。

恐る恐る近づいて耳を傾けると「早く日本に帰りたい、帰りたい」と繰り返していた。

その目は虚ろで、「大丈夫か！　しっかりしろ」と声をかけてもまったく正気を取り戻す様子はない。

軍服姿で敬礼をする日本兵

結局、岡林の異変は旅行の最終日まで続き、私は看病にかかりきりとなってしまった。

「帰国したらまず医者に連れて行くべきか、それともどこかのお寺に相談すべきか」と思案しながら、岡林を支えるようにして帰国の飛行機に搭乗した。

約7時間のフライト中も、岡林はやはりぐったりとしたままだった。

成田空港に着き、肩を組むようにして支えながら飛行機を降りてＪＲの駅へ向かっていると、その途中で突然、岡林がすっと私から離れて立ち上がった。

「もう大丈夫」

先ほどまで死にそうな顔をしていたにもかかわらず、岡林が私に言った。

「なんで？」

困惑する私。

「なんでだろうな……」

恥ずかしそうに答えた岡林の顔色はすっかり元に戻っていた。

いったい何が起きたのか。さっぱりわからず、黙ったまま電車に揺られて、まずは岡林の自宅の最寄りの駅に到着する。別れ際、「一応医者に行ったほうがいいんじゃないか。家まで送ろうか」と声をかけたが、岡林は「たぶんもう大丈夫」というだけだった。

それから1カ月後、夏休みも終わって久々に大学のキャンパスで会った岡林に、あのバリ島での衰弱した様子はいっさい感じられなかった。

岡林は私の方に近づいてくると、「実はさあ」と声を潜め、「見ちゃったんだよな」と話し始めた。

岡林によれば、成田空港に降り立ったところで不意に体が軽くなり、驚いて周囲を見渡すと、そこにハッキリと軍服姿で敬礼をする同い年ぐらいの青年の姿が見えたのだという。

「きっとバリの地で散った日本兵が、故国の地を踏みたくて、俺に憑依してきたんじゃないかな」

オカルト嫌いを公言していた手前、霊を見たことなど岡林自身は信じられず、帰国からしばらくは、「本当に頭がおかしくなったのか」と心を病んでいたのだという。

「だけど、しっかりと現実を受け止めることも、また科学的なふるまいだからな」

明るく話す岡林に、ではなぜ私だけ憑き物が落ちたのかと聞いた。

「ガムランを聴いている姿を見て、日本兵の霊もお前を現地の人間だと勘違いしたんだろう」

と笑いながら言った。

岡林はすっかり霊の存在を信じるようになっていた。

殺人島

〝生きた人間〟を的にする東京近海の射撃訓練場

文・早川 満

フリーライターとして取材した際に知り合った暴力団組員の須山（仮名）は、いい歳をした幹部のくせに博打好きで、私も何度か誘われて3人麻雀を打つことがあった。レートは千点100円で、大負けでも一晩10万円程度で済む。彼らからすればお遊びのレートだ。

ところが3年前の夏のある夜、須山はとことんツキがなく明け方には20万円のマイナス。一方の私はツキまくりで、その分そっくりプラスになっていた。

明け方になって、須山が「その20万円を賭けて勝負してくれよ」と言い出したが、受けた半荘（ハンチャン）も私の勝ち。「もう一勝負」「もう一勝負」の倍々プッシュも結局すべて私が勝って、勝ち金が160万円にまでなったところで須山は、「カネの代わりに特上のネタをやるからそれで勘弁してくれよ」と言い出した。私としても「どうせヤクザからそんな金額を取れるわけないし、ネタをもらうほうがよほど仕事につながる」と考え、その申し出を受け入れた。

1週間後、指定された江戸川沿いのマリーナへ出向くと須山は一人で小型クルーザーの甲板にいた。約束のネタはその船で行く先にあるという。

「自分で運転するんですか？」

「ああ。組の若いもんにも教えられない秘密の場所だからな」

江戸川から海に出て、1時間ほど船を走らせると、木々が鬱蒼と茂る小島が見えてきた。一応は都内不動産業者の管理物件なのだが〝ご厚意〟により須山の組で自由に使っているという。

鳥や虫が死体を〝掃除〟

上陸直後から強烈な異臭が漂ってきた。

「産廃でも投棄しているんですか」

「まあ、そんなところかな」

須山は口の端を歪めた。

木々が生えていたのは沿岸だけで、一歩踏み入るとサッカーグラウンドほどの広さの荒れ地になっていて、ところどころに海鳥が集まっていた。

須山に促されて歩みを進めると鳥たちはパッと飛び立って、そこに赤黒い塊が見えた。原形はほとんど留めていないものの、それが全身を鳥につついばまれた人間の骸だということはすぐに理解できた。足らしきところにブランドロゴの入ったスニーカーが転がっている。近づくと、鳥に代わって蝿が肉塊を覆っているのがわかった。

「これ、なんですか!」

「何って見たとおりだよ」

「あっちの方で海鳥が集まっているのも?」

「ああ」

裏切り者の制裁場所か、それとも抗争相手を処刑する場所なのか。様々な考えがよぎったが、須山の答えはそのいずれとも違った。

「この島は、ウチのヒットマン候補の射撃練習場なんだよ。実弾射撃の練習なら海外でもできるところはあるけど、実際に動いている人間を撃てるところは少ないから」

つまりこの島は、実際に人を撃つ練習のために組で用意したものであり、〝的〟

となる人間を連れてきて、逃げ惑うところを射撃の練習台にするということ。基本は拳銃での射撃だが、時にはライフルでの長距離狙撃の練習をしたり、ロケットランチャーのような珍しい武器が手に入ったときにはその試射をすることもあるという。

隅っこにあったもうひとつの死体は、全体的な損傷は先ほどのものよりも少なかったが、頭がボッコリと陥没している。

「銃でとどめを差し切れなかったときは万が一にも生きて逃げ出すことのないように頭をしっかりと岩か何かで潰すんだ。そのために弾を使うのも、もったいないから」

死骸は埋葬されることなく放置される。

「普段は鳥や虫が死体を〝掃除〟してくれる。終わるまで半年ほど間を空けるけど、なんせ160万円分のネタだから〝新鮮〟なほうがいいと思って、今回の死体は3日前のできたてほやほやだよ」

そう言われて改めて周囲を見渡してみると、そこかしこに転がっている石ころと思っていたものは人骨だった。

練習台の人間は「買う」

それにしても、こんな惨い殺され方をするということは、よほど恨みを買うような悪さをしたのかと思いきや、実はそうではないという。

ここで殺される者の多くは闇金で支払いを滞らせたり、風俗店にしつこくクレームをつけたりといった程度の人間で、それで銃殺というのはやりすぎにも思うが、そこには彼らなりの理由があるようだ。

「近頃の若いやつらはネットで勉強してるのか知らないけど、お利口さんが多くてさあ。ちょっと脅せばすぐに法律がどうとか言いやがるだろ？　暴対法のせいでヤクザ者が何にもできないって思ってるんだ」

たしかに、「実はいまのヤクザは怖くない」というような物言いは、漫画やドラマ、ネットなどでよく見聞きするし、私自身も少なからずそのように考えていた。

「まあ言われるとおり、表立っての脅しや暴力に出れば、すぐに警察のお世話になっちゃうんだけど、だからといってナメられたままで放っておいたら、組でケツを持ってる人間や、若い連中たちに示しがつかないだろ？」

そのため、悪さをしておきながら裁判だなんだと言い出すややこしい輩は、問答無用でここに連れてきて始末してしまうという。

例えば組の傘下の闇金で滞納しているやつがいて、そいつが「闇金は違法だから払う必要などない」などと言い出したとする。裁判を起こされれば面倒なだけだから、そのときは滞納額を組で肩代わりしておいて、滞納していた本人をこの島まで連れてくる。仮に滞納額が100万円だったなら、「100万円で練習台を買った」と考えるわけだ。

「ちなみにこいつはデリヘル嬢のストーカー」と須山は足元の肉塊を指さした。

「女の子には見舞金ってことで30万円あげたから、30万円の買い物っていう計算だよ。たしか25歳ぐらいだったかなあ。若いほうが元気に逃げ回ってくれて、いい練習台になるんだよ」

さらに残忍なことには、稀にではあるが〝子供〟が連れてこられることもあるという。育児放棄されたような子供を、養子縁組を行っている組織を介して外国人の里親の下へ行ったことにしてしまえば、自治体や警察から追跡されることもないのだ。

「夜の街には借金まみれで、子供をカネにすることしか考えていない親が本当に多い。売春、奴隷、臓器売買とか、すぐ子供を売ろうとする。〝毒親〟どころじゃないよな。それで仕方なく子供を買う。あと、俺たちの仕事は、場合によっては敵の家族全員を殺らなきゃいけないこともあるよな。そういうときにヒットマンが子供に仏心を出さないように、この島で練習台を使って、慣れておくことも必要だから」

絶句した。裏社会の情報に精通しているはずの私もこの〝ネタ〟は知らなかった。

日本の行方不明者はこの数年、年間8万～9万人程度とされるが、そのうち何人か、何十人かが、このような目に遭っているのか。

「もしかして私も練習台にされるために連れてこられた？」

急に極度の緊張感が走った。そんな私を察したのだろう、須山は笑いながら言い放った。

「あんたが『麻雀の勝ち金を払え』ってしつこく言ってきたら……的になってただろうな」

細菌島

「狂犬病」に似た恐怖の細菌兵器研究所

文・早川 満

金正男（キムジョンナム）が暗殺された2017年の夏、脱北者を取材するために中朝国境にあたる中国の遼寧省（りょうねい）へ行くことになった。この時、通訳兼コーディネーターを頼んだ劉（仮名）という青年がきわめて手際よく優秀で、全8日の予定で取材日程を組んでいたものが、わずか5日で済んでしまった。残りの3日、何をして過ごそうかと考えたとき、思い浮かんだのが今回の取材中に耳にした噂だった。

その噂は「西朝鮮湾の小島から帰ってきた者がゾンビ化する」という事件が30年ほど前にあったというもの。島はかつて中朝の双方が領海を主張していた辺りにあった。そのため普段、一般人は近寄ることすらできなかったのだが、ある時、荒天のため北朝鮮の漁船がその島に一時避難した。その乗組員は島から帰ってくると突如狂暴化して、町の人間を襲い始めた。乗組員に襲われた人間もまた同様に狂暴化していったというのだ。

まったくもって信じ難い話だが、噂の続きによれば、その後しばらくして何者かの一団、おそらくは中国の工作機関の者たちが長期間にわたって島を占拠していたという。

「火のないところに煙は立たない」

その島に秘密の「何か」があったことは間違いないだろう。最近になって工作機関と思しき一団は撤退し、現在は完全な無人島になっているという。

旧日本軍関係の施設

この噂を劉に聞いてみた。彼の生まれる前の話だというのに、噂は知っているという。中朝国境地帯あたりでは相当有名な話だという。

「島の場所もわかっている」

「じゃあ何かのネタになるかもしれないし、そこへ行ってみようか」

変な動きをすると中国当局にスパイ容疑で逮捕されてしまう危惧もあったが、劉はこともなげに答えた。

「日本円で10万円も用意してもらえれば、各所に手配して無事に上陸できるようにします」

あらかじめ用意していた取材予算が余っていたこともあり、いっさいを任せることにした。

翌朝早々に「操舵員込みで漁船をチャーターしてきました。役所にも話を通したから」という劉。相変わらずの手際のよさに感心しつつ問題の島へ向かった。

2時間ほど航行したところで目当ての島が見えてきた。港らしきものもあり、そこへ漁船を泊めると船に操舵員を残して私と劉の2人で上陸した。

東京ドーム1個分もないような小さな島だったが、最近まで何者かが駐留していたというだけあってちゃんとした道がある。これに沿って島の中心に向かうと、そこには大量の瓦礫が積み重なっていた。

近寄ってみると、瓦礫の材質自体は古いもののようだったが、壊れてからはまださほど時間がたっていない様子だった。コンクリート製の建物の土台らしきものがあったことから、駐留していた者が撤退する際に建物を破壊していったものと思われる。

この辺りは太平洋戦争中には日本領、もしくは満州国の勢力範囲だったので、破壊された建物は旧日本軍関係の施設であった可能性が高い。

だが、何かしらの作戦拠点とするには狭すぎるこの島に、わざわざ施設を造った理由はなんだったのか。

瓦礫の中に何かしら手掛かりになるものがないかと探してみたが、それらしきものは何も見つけることができなかった。

夏の日差しのなか、汗だくになりながらしつこく島内を歩き回ってみても、見つかるのは簡体字が印刷されたペットボトルぐらいで、日本軍の遺物らしきものは何もない。そうしたものは駐留者が根こそぎ持って行ったのだろうか。

結局、何も得られないまま日が暮れてきたところで諦めて島を離れた。

事件が起きたのはその夜のことだった。ホテルの部屋でぐっすりと寝ていた私は、外から聞こえてきた尋常ならぬ絶叫で目を覚ました。

チェーンロックをしたままドアを開けて聞き耳を立てると、どうやらその声は階下のホテルのロビーの方から聞こえてくる。

部屋を出て、恐る恐るロビーに向かうと、そこは地獄絵図だった。

なぜ突然、こんなことが起こっているのか……?

全裸の男の狂態

全裸の男がホテル従業員に馬乗りになって嚙みつき、ホテルマンの顔面は血で真っ赤に染まっていた。よく見ると鼻がない。全裸の男に嚙みちぎられたのか。傷口からは何か白濁した汁と血液が混じったゲル状のものが流れ出ている。だが、そんな惨たらしい光景よりも私にとって衝撃だったのが、全裸の男の正体だった。

「何をしてるんだ、劉！」

全裸の男は劉だった。私の声に気づく様子もなく、劉は繰り返しホテルマンに嚙みついていた。

結局この惨劇は、警察隊がやってきて取り押さえるまで続き、劉は全身を拘束されてどこかへ連れていかれた。

「いや、まさか、あの島で劉がゾンビ化した？　では私はなぜそうなっていないのか？」

部屋へ戻って先ほどまでのことを思い返すうちに、劉の狂態と似た映像をかつて見たことを思い出した。それは狂犬病ウイルスに感染した患者の暴れる様子を映したものだった。しかし、劉が犬に咬まれたとは聞いていない。

私と劉で何が違ったのか。思い至ったのは島へ行った際の服装である。見知らぬ土地へ行くときの習い性として私は長袖長ズボン、虫よけスプレーを全身にふりかけて、手には軍手をはめていた。「そんな恰好で暑くないですか」と笑う劉は白い半袖の開襟シャツを着ていた。

想像するに、劉は蚊を媒介とする狂犬病に似た細菌に感染したのではないか。

そうしてさらに、不気味な考えが頭をよぎる。あの島にあった建物が旧日本軍のものであったとすると、それは細菌兵器を研究する施設だったのではないか。日本軍の細菌兵器研究機関、いわゆる「７３１部隊」については諸説あるものの、あの当時は日本に限らず各国が細菌兵器の研究を進めていた。危険な研究だから、あのような隔絶された小さな島で行われていたというのも辻褄が合う。そしてその研究施設で開発された細菌兵器が、終戦後も残っており、30年前に北朝鮮漁船の乗組員が感染した。そしてその後、中国の工作機関が最近まで、長年にわたって島を管理していた、ということではないのか。

そう考えたときに気になってくるのが、島に駐留していた工作機関は細菌を発見して持ち帰ったのか。そして、細菌で何をやろうとしているのか、ということだ。

狂犬病は発症した際の致死率がほぼ100パーセントとされるが、この細菌はどうなのか。人間を凶暴化させるこの細菌の危険度は、新型コロナウイルスの比ではないだろう。こんなものが世界に蔓延したら……全裸の劉のホテルでの狂態を思い出し、私は身震いした。

八丈島

死体を捧げる「七人坊主の呪い」の秘祭

文・桜木ピロコ

事件もののルポライターになって20年以上経過した。殺人、行方不明、詐欺。あらゆる事件現場を見てきたが、いまでも頭から離れない恐ろしい場所がある。伊豆七島最大にして最恐の忌み場、八丈島だ。

東京から約300キロ。羽田から空路1時間の彼の地は、温暖な気候と美しい海のリゾート地として有名である。あるいは、江戸幕府成立前後の慶長年間から始まった流刑の地として記憶されている人も多いだろう。

1994年の夏の暑い日、取引先の週刊誌編集部から仕事の依頼がきた。

「八丈島で妙な事件が起こったそうで。悪いんだけど取材に行ってきてもらえないか」

それはワイドショーで連日報道されていた有名な事件だった。

1994年8月11日、午前9時過ぎ。八丈町三根の火葬場で、身元不明の7柱の遺骨が発見された。その日、火葬が予定されていたため、職員が火葬炉を開けたところ、中に人骨がぎっしりと詰まっていたのだ。

最後に火葬炉が使用されたのは8月5日。それ以降、職員は誰一人として火葬炉を稼働させてはいない。むろん火葬は市町村の許可制と法で定められており、無断での火葬炉使用は禁止されている。

発見された人骨7柱は大人6柱、子供1柱。死後10年以上経過している古いものだった。

この事件は、すぐさま「真夏のミステリー」などとオカルトめいて報道されたが、このミステリーには八丈島に伝わる「七人坊主の呪い」が深く関係している。

「坊主」「七」という言葉さえ禁忌

はっきりとした時代はわからないが、おそらくは1500年代半ば頃の話。

大阪から7人の坊主を乗せて出発した船が嵐に遭い、八丈島の藍ケ江浜に漂着した。ほうほうの体ながら、人のいる島に着き、坊主たちがほっとしたのも束の間。大飢饉にみまわれていた八丈島の島民たちは、少しの食料も渡してなるものかと、この坊主たちを迫害し、ついには餓死させてしまったのである。

それ以来、八丈島、とくに坊主が追い詰められ餓死させられたといわれている東山付近では、悪霊と化した「七人坊主」たちが口々に島民を呪いながら練り歩くという怪異が起こるようになった。農作物は何ひとつ実らず、家畜は死に絶え、飢饉以上の苦しい生活に陥ったという。

いまでも八丈島ではこの話は禁忌とされている。「坊主」「七」という言葉さえ口にするのを恐れる島民も少なくないという。

「お坊さまたちが、７人の魂を持って行ったんだ」

「身代わりとして島民の体を奪い、この世に舞い戻ってくるに違いない」

「ほうっておけば、また７人の犠牲者が出る」

取材をすると、島民は口々にこう語った。あまりの深刻な怖がりように、夏のリゾート気分で水着を持って取材に来てしまった自分を恥じた。

「七人坊主の呪いはいまに始まったことじゃないんだ。40年前の１９５２年も７人が持って行かれている。中之郷（なかのごう）の潮間林道があるだろ。そこに、横断道路をつくってたんだ。そこは、ちょうどお坊さまたちが野垂れ死にした辺りといわれていてね。何もなきゃいいが、と思っていたら、ふざけた作業員がどうもお坊さまの悪口を言ったらしいんだ。『化けて出られるもんなら出てみろ』とかなんとか。そうしたら、土砂崩れが起きて、７人があっという間に持って行かれたんだ。こらじゃ、七人坊主の祟りは本当にあることなんだよ」

八丈島の歴史に詳しいと編集部から紹介された島民の浜田氏（仮名）いわく。

「もっと詳しい話が聞きたいなら祭りの夜にもう一度来たらどうだ」

ルポライターとして名を成したいと焦ってもいたし、実際、書籍の題材として書きやすいと思った。「うまくいけば代表作になる本が出せる」。週刊誌の特集とは別で、この「七人坊主の呪い」を深く掘り下げて調べてみることに決めた。

この浜田氏が言う「祭り」のことを広く世に知らせることになるのは、これが初めてのことだ。口外するなと言われて、もう長いこと秘密を抱えて生きてきた。一人では抱え切れず、恐怖を分散したいのだ。ここから先は自己責任で読んでもらいたい。

「誰にも話しちゃいけない」祭り

数カ月後、八丈島に戻り、浜田氏と合流し、「祭り」に参加させてもらうことになった。よそ者の、ましてやマスコミの人間をよく受け入れてくれるな、と思いはしたが、それはきっと「外に話せるはずがない」という思いと、自分たちの文化に誇りを持っていたためだろう。

祭りといっても屋台が出たり、華やかな踊りや催しがあるわけではない。それは、さびれた神社で月の明るい真夜中に始まる「儀式」と言ったほうが正しい。それは、八丈島では、一度土葬した遺体を掘り起こし、改めて火葬する〝改葬〟という風習があった。現在ではこの風習も廃れたとされているが、実際は違ったのだ。神社の境内にはむしろが敷かれ、朽ち果てた7体の遺体が並べられていた。

初めて見る光景に言葉を失った。

「お坊さまたちの怒りを鎮めるために、いろいろやったけど、結局はこれしかなかったんだ。どこにも行けずにさまよっているお坊さまたちに、7年おきに新しい体を捧げる。なに、死体でいいんだ。そうしないと、この東山の辺りは、悪い病気が流行ったり、大きな事故が起こったりする。これは、ずっと昔の私たちのご先祖から受け継がれていることなんだ」

祭りの参加者は東山付近の家の当主の男性7人。みな、八丈島が発祥の家系で、かなり裕福な家柄だそうだ。

神社の禰宜が、うやうやしく取り出した巻物のようなものを見ながら、聞いたこともない呪文のような言葉を繰り返す。7人の参加者たちもまた、空が白むまでその言葉を同じように繰り返していた。

朝日が昇る頃、遺体は一度神社の奥の方に片づけられる。そして、また、真夜中を過ぎると、むしろに並べられた遺体に向かって呪文を繰り返す。ちょうど、7日7晩たったあと、唐突に祭りは終わりを告げたのだ。8日目にはもう、遺体はどこにも見当たらなかった。

「誰にも話しちゃいけないよ。言えば、お坊さまたちが蘇(よみがえ)れなくなって、怒りがそっちに行くぞ。もっとも、こんな話、本にしたって頭がおかしいと思われるだけだろうがな」

「火葬場の遺骨も、40年前の事件も、あなたたちの家がやったことなんですか?」

震える声できくと、

「私たちには、責任と義務があるんだ。みんなが安泰で過ごしていくには代償が必要なんだよ」

と浜田氏は答えた。

数日前。浜田氏の訃報が届いた。病に蝕まれ、最期は食べることも飲むこともできず、骨と皮になって死んだそうだ。その死体はまるで餓死者のようだったと。

その時、すべてがつながった。

七人坊主たちは、7体の遺体だけでなく、さらなる贄を求めていたのだ。浜田氏はその犠牲者だった。自分たちを死に追いやった八丈島の人間を、いまなお呪い続けているのだ。

あの儀式の最中、緑色の僧衣をまとった7人の男たちが「ケタケタケタケタ……」と笑っていたのは、島民をあざける七人坊主の声だったのだ。

これが体験したすべてである。

配信だ、検証だと、昨今ではこのような忌み場を特定し、訪問する若い人も多いが、自らが贄となり、呪われた死を迎えたくなければ、決して八丈島に近づかないことだ。

せめてもの謝意として、儀式が行われる具体的な時期、場所、参加する家系は、あえてぼかして記していることを伝えておく。

奴隷島

子供を〝カジコ〟として死ぬまで働かせる島

文・山田ケンイチ

昭和の頃、子供のいる家庭では「悪いことすると人さらいに遭う」という戒めがよく口にされていた。悪事をするとなぜ誘拐されてしまうのか、よく考えると因果関係がわからないが、さらわれたあとにどうなるか、ということは昭和の子供はリアルに想像できた。

人さらいに連れていかれた先は、どこかもわからない島。そこでは、子供たちが虐待され、満足な食事も与えられず、過酷な労働に従事して奴隷のように一生を過ごす……。

なぜそのような想像がすぐにできたのか。それは、この「島」が実際に存在したからだ。

山口県に実在する情島（なさけじま）は、身寄りのない子供たちを集めて働かせていたという

「奴隷島」だった。

発端は、1948年に2人の身元不明の少年が警察に保護されたことだった。

2人の身なりはぼろぼろで、年の割には体つきも小さく、明らかに衰弱していた。空腹のため農家の軒先に干してあった豆を盗もうとしたところをとがめられ、警察に保護された。

2人に事情を聞くと「自分たちは島から逃げてきた〝カジコ〟だ」と言う。「カジコ」とは、漢字で「舵子」「梶子」と書き、その名のとおり、漁をする船の舵(かじ)を取る役目を負った子供のこと。当時の漁船は造りがもろく、体重が軽く、身なりの小さい子供が舵取り役として重宝されていた。カジコが舵を握るのはよくある光景だったという。

とはいえ、カジコは舵を取ることだけが仕事ではなく、それ以外の労働も課せられていたことは想像に難くない。このカジコの少年たちも漁師の仕事に耐えられず、夜中に船を盗んで漕ぎ出し、対岸の島でまでようやくたどり着いたが、カネもなく、腹が減ったので食料を盗んだとのことだった。

当時は、漁村にかぎらず、農村などでも労働力として他地域の子供を受け入れることは多かった。事実、この少年たちも身寄りがなく、施設で暮らしていたところ、「魚をたらふく食わせてやる」という話をされ、情島までやってきたという。

こうしたカジコには、しっかりと技術を教え込み、やがて船や漁業権を分け与え「養子」にするケースもあったようだが、ほとんどは実子とは別の「貰い子」として差別される存在だった。家族と同じ食事が与えられず、学校にも通わせてもらえない。漁民たちはカジコを安価な労働力としかみていなかったのだ。

少年たちの境遇に、保護した警察も複雑な表情をするしかない。しかし、次に少年が発した証言に顔色を変えた。

2年ほど前、情島のカジコの少年が、主人に虐待され死亡したというのだ。

さっそく警察が島に乗り込み、捜査したところ、陰惨な事実が判明した。

箱に閉じ込める拷問

死亡したカジコの少年は、とある感化院から紹介されて島にやってきたという。もともと素行が悪く、ほかのカジコとの諍いを起こしたり、近隣の家に忍び込んでは盗み食いするなどを繰り返していたという。

度重なる苦情に、主人は少年を何度か叱責したものの、いっこうに改善する兆しがない。そこで、罰として少年を「ダンベ」に閉じ込めることにした。ダンベとは、魚や魚の餌を入れておく雑箱のこと。使われたダンベは全長が116センチ、幅82センチ、高さ33センチほどで、いうなれば小型の棺桶のようなもの。少年といえど閉じ込められたらほぼ身動きが取れない。

主人はダンベに少年を入れ、固く封をした。箱にはわずかな隙間が空いており、そこからなんとか指を伸ばして、かたわらに置かれた食料を取れるようにしていたという。

ダンベはしばらく座敷に置かれていたというが、少年が糞尿を垂れ流すので悪臭がひどく、隙間から漏れ聞こえる唸り声も気になって、すぐに離れた便所に移された。この過酷な状況のまま、ダンベは20日間も放置された。

主人が思い出したように覗いてみると、少年はすでに死亡していた。いくら素行不良だったとはいえ、拷問のような状態で、少年は箱の中で何を考えていたのだろうか。

このカジコが死んだことは、村内ではすぐに噂が広まったが、島の外に話が漏れることはなかった。当時、50戸あまりあったという情島の漁民は、すべてカジコを受け入れており、どの家でもこうした虐待は日常的に行われていたからだった。

そして、脱出事件は繰り返された。

3年後の1951年、今度は5人のカジコが船を奪って島を脱出、山口市内に入り、無賃乗車で汽車に乗っていたところを鉄道公安に保護された。

この2度目の脱出事件はマスコミでも大きく報道され、先の死亡事件も含めて情島は、子供をさらって死ぬまで働かせる〝奴隷島〟として悪名を轟（とどろ）かせることとなる。

1954年には、この事件がラジオドラマ化されて話題となり、児童福祉を考え直すきっかけの一つとなったという。さらに、このラジオドラマをもとに、1958年には『怒りの孤島』という実写映画が制作され、虐待を繰り返す漁民たちの狂気や、カジコの少年が鶏小屋に監禁され、食べ物がわりに石を口に入れられるなど、ショッキングな描写が多く盛り込まれた。『怒りの孤島』はなぜか「文部省推薦作」となっており、全国の小学校や公民館などで巡回上映された。実際に起きた事件の背景を知らず映画を観た子供たちは、その描写にトラウマを抱えることになったという。

カジコの存在そのものが〝タブー〟

映画にまでなったことで、奴隷島の島民たちは何年にもわたって非難されることになり、島民はカジコを受け入れることをやめ、固く口を閉ざし、歴史も封印した。カジコの存在そのものが〝タブー〟となったのだ。

では、それまで島にいたカジコはどうなったのか。

１９４８年の調査によると、島にいたカジコは50人ほど。しかし、問題が発覚したあとも島を離れる者は少なかったという。もともと身寄りがなく、仕事もない終戦直後の時代だったので、島の外に出ても食っていける保証などなかったからだ。

事件発覚から数年後、ある人権活動家がこの情島に児童養護施設をつくった。島は自然環境としては申し分なく、障がい者や問題児童などを受け入れて施設で共同生活を送っていたという。それは、かつて児童虐待の象徴となった島を、真逆に生まれ変わらせようとしているようにも思えた。

昭和も遠くなり、事件から60年以上がたった。情島は過疎化が進み、現在（２０２１年）の人口はわずか47人。

　かつて島には、小中を兼ねた学校が一つだけあり、最盛期には122名の生徒が通っていた。同じ頃、カジコとして島に来た子供たちは学校に行くことも許されず、普通の子供たちが授業を受けている間、過酷な労働を強いられていた。

　平成になると、人口減少により学校には島内の児童がいなくなった。もぬけの殻となった校舎に通い始めたのは、あの児童養護施設の子供たちだった。その養護施設も数年前に移転となった。

　令和のいま、情島は子供だけでなく、もはや誰もいなくなりつつある。

奴隷牧場と化す「ホームレス荘」

◆都市ボーイズ・早瀬康広

奴隷のように搾取される事例は多くあります。ホームレスのおじさんに聞いた話で、公園に突然スーツの男が現れ「うちの寮に住みませんか」とホームレスを集めたそうです。スーツの男が先導し、数人が10キロほどの距離を歩かされる。脱落者を出しながら息も絶え絶えに寮に着くと、書類を渡されて本名と住所（寮の場所）を書かされます。そこでは毎日部屋にいるだけで質素な食事が2食支給され、風呂も入れて、たまに酒も飲めた。これは実は、ホームレスから生活保護金を取り上げる、中抜き犯罪でした。最初の書類は生活保護の申請用紙で、搾取した保護金のなかから食費を出していたのです。ちなみに話を聞いたおじさんは不審に思い寮から逃げました。逃げる際に捕まり、ひどい暴行を加えられましたが、命からがら脱出したそうです。搾取、怖いですね。

第四章

怖い奇習

丑の刻参り

いまなお〝呪い〟を行う者が絶えない神社

文・五木 源

これは現在進行形の話。

私は大学生の頃から長年付き合っていた彼氏と婚約したが、入籍目前の3月に彼の浮気が発覚した。さらに浮気相手の妊娠も明らかとなり、10年間の付き合いにあっけなく終止符が打たれた。

私は専業主婦になるつもりで職場への退職手続きを済ませ、長い有休消化期間に入っていた。別れ話になった直後に彼は浮気相手の家に転がり込み、私は彼と同棲していたマンションに残された。すぐには身辺の整理をする気になれず、居心地の悪いマンションを飛び出し、一時、広島の実家に帰省することにした。

帰省した初日、事の顚末を両親に洗いざらい話し、その日はヤケ酒を飲み、泣き疲れて眠りについた。翌日、幼馴染の雅子（仮名）に連絡を取り、一緒に昼食を食べに行った。私は大学進学を機に上京し東京で就職。雅子は高校卒業後、地元の飲食店で長らくバイトを続けている。お互い状況は違えど、帰省のたびに近況報告をしあい、たわいない話で盛り上がれる貴重な存在だ。

正月休みに帰省した際に「結婚式の受け付けよろしくね」など、さんざんのろけていた手前、なかなか本題を話せずにいた。

「大型連休でもないのに、どうしたの？」

雅子から切り出され、やっと婚約が破談になったことを伝えた。すると、雅子は神妙な面持ちで慰めの言葉をかけ、「今日はとことん付き合うよ」と言ってくれた。

運転の練習と称して実家の車の助手席に雅子に乗ってもらい、２人でドライブに行くことも恒例行事となっていた。実家にいったん立ち寄り、近場でドライブにいい場所はないかと探していると、広島と岡山の県境にある神社が肝試しの名所になっていると知った。

「ファミレスもショッピングモールも飽きたし、この神社に肝試しに行ってみようよ」

私が持ちかけると、雅子は「えっ、肝試しで神社に……？」と一瞬表情を曇らせたが、「そうね、行こうか」とうなずいた。

「神社公認の呪い」ではない

山間の国道を1時間ほど走らせると現地に到着した。岡山県新見市の育霊神社は〝呪いが成就する神社〟とされ、藁人形に五寸釘を打ちつける「丑の刻参り」の呪いを行う者がいまだに絶えないという。「この時代にそんなことやってる人、本当にいるのかね」と笑いつつ、近場に車を停めて境内へ向かった。

古びているがいたって普通の神社だった。参拝して周辺を散策していると、近くに「育霊山参道口徒歩30分」という看板を発見した。細い坂道が山中へ向かって続いている。どうやら山の上に本殿があるようだ。時刻は午後3時。「日の明るいうちに見に行こうよ」と雅子に声をかけ、参道に足を踏み入れた。

参道を歩き出ししばらくすると、「育霊神社」と書かれた大きく立派な鳥居が目の前に現れた。鳥居の奥には木々が鬱蒼と生い茂り、薄暗くて奥がよく見えない。「まだ先に進むの?」と雅子は不安げだが、「せっかくここまで来たんだから」と励まし、さらに進んだ。

鳥居を過ぎると、道の傾斜が急になった。私たちの「ハァ、ハァ」という呼吸音と枯葉を踏みしめる「カサカサ」という音が耳につく。風が吹くたびに「ザザァ……ザザァ……」と木の葉が擦れ合う音に包まれ、なんだか追い立てられているような気がして先を急いだ。再び育霊神社の看板があり、やがて本殿らしきものが見えてきた。

こぢんまりとした本殿と、その裏側には猫を祀った祠があった。なんで猫なんだろうとスマホで調べようとしたが、あいにく電波が届いていないようだった。

「ね、この近くの木に藁人形が刺さってたりするのかな？」

と雅子に問いかけると、「さあ……どうだろうね……」と怯えた様子で答えた。昔はよく一緒に肝試しに行っていたのに、こんなに怖がりだっただろうか？少し疑問に思いながら、辺りの木を見て回った。

藁人形は見当たらないが、ゴツゴツとした幹の表面をよく観察すると、五寸釘を打った跡と思われる小さな穴が空いているのを発見した。本当に呪いを試みた人がいるんだと思うとゾクッと寒気が走る。

振り返ると、雅子も別の木を見つめて、「藁人形、どうしてないのかな……」などとつぶやいていた。気が動転しているのだろうか。こんなところにまで付き合わせて悪かったと思い、「そろそろ帰ろう」と声をかけた。

また30分かけて下山すると、社務所の近くを老人が歩いていた。地元住民なら何か知っているかもしれないと思い、本殿を訪れた旨を伝え、猫が祀られている理由を尋ねると、神社について説明してくれた。

「この山には700年前の鎌倉時代、斉藤尾張守影宗の城が立っていた。戦で落城した際に影宗の娘である依玉(よりたま)姫は、愛猫を連れて近くの祠に身を潜めたが、猫が祠を出たところを敵兵が見つけて殺してしまい、猫の死骸を見つけた姫も自害してあとを追った。それを知った影宗が娘と猫のために祠を建て、呪いの儀式を行うと、猫を殺した兵や敵将たちが次々と狂い死にしたという。それ以来、この神社は呪いの霊場として信仰され続けている」

「神社公認の呪い、ということですか」と尋ねると、老人は首を振ってこう続けた。

「ここの宮司は、境内の木に打ち込まれた藁人形を定期的に回収して、お焚(た)き上げをしている。つまり育霊神社は、呪いをかけるための神社ではなくて、呪いを解くための神社なんだよ」

「あ、それで……」と雅子が声を漏らした。

「なに？」と聞き返すと、「いや、なんでもない」とはぐらかされた。

「あんたのこと呪いに行ったんだよね」

もう日が落ちかけていた。老人に挨拶をして車に戻り、家路についた。

実家に到着し、雅子に「今日は気晴らしに付き合ってくれてありがとう」と言うと、彼女はしばらく黙り込んだあと、声を震わせながら打ち明けてきた。

「実は私、前にあの神社の噂を知って、あんたのこと呪いに行ったんだよね。半信半疑だったんだけど、破談になったって話を聞いて、あ、呪いのせいかもって思った。で、今日、本殿の近くで自分が藁人形を打ち付けた木を見たら、釘ごとなくなってたからものすごく驚いた。丑の刻参りって、他人に釘を抜かれたら自分に呪いが返ってくるっていうから、怖くなったんだけど……」

終始、雅子の様子がおかしかった理由はこれだった。

それよりも突然の親友の告白に、私はショックを受けた。傷ついた。雅子は私の動揺に気づかず告白を続けた。

「でも、宮司が呪いを解くために藁人形を回収してくれたから、これ以上悪いことが起こることはないよね。勢いでこんなことをしてしまって本当に申し訳ないけど、あんたが生きててよかった。ごめんね」

雅子はずっと地元を出たいと思っていたが、病気がちな両親を養うために地元を離れられなかった。都会暮らしで仕事も男性関係も順調な私に嫉妬をしていたという。あまりに悪びれない雅子の態度に私は拍子抜けした。問い詰める気にもなれず「わかったよ」とだけ言って解散した。

本当はもっと長く滞在するつもりだったが、3日目の朝に東京に戻ることにした。母の運転する車の助手席に座り、最寄駅まで送ってもらった。駅に到着し、荷物を持った。

母から「忘れ物はない？」と言われ、助手席を見渡すと、朝日に反射して光る茶髪が目についた。雅子の髪だった。それを指でつまんで上着のポケットに仕舞い、「大丈夫だよ」と返した。

「いつでも帰ってきていいからね」

「もしかしたら、またすぐ帰ってくるかも」

母の言葉に、私はそう答えた。改札で母と別れ、新幹線の指定席に座った。

雅子からの告白後、私は丑の刻参りについて調べた。本来、呪いは7日7晩行わないと効果を得られないという。バイトの始業が朝早い雅子は、1日だけやって心が折れたと言っていた。もし、決まりどおり7日間行ったらどうなるのか。

東京のマンションに帰れば私を裏切った彼の髪の毛も落ちているだろう。髪の毛の代わりに写真を藁人形に埋め込んでもいいらしい……などと、先ほど拾った雅子の茶髪を見つめながらぼんやり考える。

雅子にはなかった7日7晩という時間は、有休消化中の私にはたっぷりとあった。

強力な呪いで「一族断絶」丑の刻参りの丘　◆都市ボーイズ・早瀬康広

丑の刻参りスポットは全国にありますが、広島県庄原市東城町の某所も有名です。ここには江戸時代にいた人格者・八反坊の祠があります。彼は住民に慕われていましたが、意地の悪い庄屋に無実の罪を着せられ獄死しました。その死の間際、八反坊は「庄屋の家が見える丘に墓を建ててくれ。そこから一族を呪い殺してやる」と遺言。墓の建造後、庄屋の家は様々な不幸が相次ぎ、一族は断絶しました。いまではこの丘に祠が建てられ、八反坊は地域の守り神となっています。しかし、この強力な呪いにあやかりたい人が、いまでも夜な夜な丘を訪れ、祠の近くの木に釘を打ち付けて、丑の刻参りを行っているのです。

現役の住職や神主が行う「呪い代行サービス」

◆都市ボーイズ・岸本 誠

呪いといえば、現代では「呪い代行サービス」があります。ほとんどは詐欺まがいの悪質業者ですが、先日取材した「日本呪術協会」は本当に呪いを代行していました。協会には現役の住職や神主、約50人が覆面で在籍。サービス内容は呪いをかけたい人に代わって、丑の刻参りなどを代行します。呪いの種類や効力によりますが、数万円から依頼ができ、多いときは月100件の呪いを行うそうです。実際に「呪いが効きました。ありがとうございます」という感謝の手紙が多数寄せられていたので、効果があるのでしょう。もしかすると、あなたの近所にある神社の神主さんが、副業で呪いの代行を行っている可能性もあるのです。

姥捨山

冠着山にさまよう捨てられた老人たちの無念

文・鶉野珠子

私がまだ高校生の頃、夏に同級生たちと行った肝試しでの出来事を話そう。

私の地元は長野県千曲(ちくま)市。千曲川の近くの高校に通っていた。事の始まりはその日の6限目、古典の授業で『大和物語』を取り扱ったことだ。授業では『大和物語』のなかから、一つの物語が紹介された。

姨捨山(おばすてやま)

若い古典教師は黒板に大きく「姨捨山」と書くと、説明を始めた。

昔、食料が少なくて貧しかった時代の人たちは、どうにか食料を確保する方法を考えた。そこで考えついた方法が、「口減らし」。ようは人間の数を減らすことで、一人あたりに行き渡る食料の量を増やそうという手法だ。子供を奉公に出したり、養子にやったりして家族の人数を減らすほか、こんな減らし方もあったという。

「年を取って働けなくなった老人、つまり親や、君たちの年齢でいうとおじいさん、おばあさんを、山へ捨てに行ったんだ。しかも生きたまま。生きたまんま、山奥に置き去りにしたという。だから『姨捨』というんだ」

教師の説明を聞いて、クラスの一部の女子生徒からは非難の声があがった。女子生徒の声に割って入るように、私の後ろの席の井上（仮名）が、こう言った。

「でも先生、老人を山に捨てていたなんて、作り話ですよね？」

井上がそう言うと、教師の顔つきが変わった。

「先生は作り話ではないと思っている。その証拠に、物語の舞台となった山も判明している」

教師が神妙な面持ちで、やけにかしこまって話すものだから、教室内の空気が一気に張り詰める。先ほどまで騒いでいた女子たちも、緊張した表情で教師の話の続きを待った。

「舞台となった山では、いまでも捨てられた老人の声が聞こえるという。その山は、あそこ……」

教師が窓の外を指差した。指の方向へ目をやると、大きな山がそびえ立っている。冠着山（かむりきやま）だ。この辺りに住んでいる人間であれば当然知っているし、登ったことがあるという人も多い山だ。

「冠着山は通称『姥捨山（うばすてやま）』と呼ばれている。『姨（おば）』も『姥（うば）』も『老女』という意味があって、あの山には実際に、数え切れない人数の老女や老夫たちが捨てられていたそうだ。だから、捨てられた老人たちの無念の思いが、山をさまよっているとされている」

教師が言い終わると、タイミングよく授業終業の鐘が鳴った。

「最後は怪談みたいになっちゃってごめんな。夏休み明けの授業からは、ちゃんと教科書の内容を進めていくので。じゃあ日直、号令」

こうして普段通りに授業が終わり、放課後を迎えた。足早に帰路につく者もいれば、教師の話を思い出して怖がっている者もいる。

「なあ」

先ほど教師に質問を投げた井上と、その隣の席の長野（仮名）が私に話しかけてきた。２人とは3年間クラスが同じで、よく話す仲だ。私は「なんだよ？」と返事をした。

「さっきのさ、冠着山、夜に行ってみないか？」

「……肝試し、ってこと？」

「そうそう。ちょうど夏だしさ。本当に捨てられた老人たちの声が聞こえるのか、確かめに行こう」

こうして私たち3人は、冠着山の怪奇現象の話を聞いたその日の晩、山を訪れることにした。

引き返しておくべきだった

22時頃に家の近所で集合し、各自が自転車を走らせて山の麓へ向かう。到着して山を見上げると、いかにも何かが起こりそうな場所に見えた。夏だというのに、心なしか寒気もする。私が2人に「本当に何かが出そうな雰囲気だな」と小声で伝えると、2人は「昼間にあんな話を聞いたからだって」と、怖がらずに山へ入っていった。

いま振り返ると、嫌な気配を感じたときに引き返しておくべきだったと思う。

私たちは長野を先頭にして、1列で山道を進んだ。街灯なんてあるはずもないので、懐中電灯で足元を照らして歩く。入ってすぐに、長野が口を開いた。

「さっき婆ちゃんに聞いた話なんだけどさ、この山、本当に姥捨山だったかどうかは、なんの記録も残ってないんだって」

「なんだ。じゃあやっぱり先生が言ってたことは作り話ってことか」

「いいや。姥捨山かどうかは謎だけど、この山はかつて、たしかに死体遺棄の場所として使われていた時代があるそうだ」

「え……」

長野の話に、私と井上が反応した途端、近くでガサガサと木が揺れる音がした。

「うわぁ‼」

私は音がした方に懐中電灯を向けた。しかし、草木が生い茂っているだけで、それ以外には何も見えない。私たち3人は顔を見合わせ、進むか、戻るか、相談した。

「お、俺、怖くなってきた……」

井上が言う。

「俺も」

私も続く。しかし長野だけ違った。

「大丈夫だろ。もしもこの山で姥捨が行われていたとしたら、口減らしのために捨てられた老人たちの亡霊がさまよってるっていうのも納得できる。だけど、死体捨て場として使われていたとしたら、怨念なんてないんじゃないか？　死んだあとに捨てられているんだから」

長野はそう言うと山の奥へと進んでいった。さすがに長野だけを山に置き去りにして2人だけ引き返すこともできないので、私たちは渋々、長野に従って進んでいった。

「うわあああああああああぁぁぁぁ！！！！！！！！」

その後も、物音がするたびに私と井上は驚きの声をあげ、音のした方向へ懐中電灯を向けて確認をしながら進んだ。長野だけが「風だよ」「虫でもいたんじゃないか？」と、怖がる様子を見せずに前進する。強がっているのかと思ったが、飄々と話しているので、本当になんとも思っていないようだ。

そんな長野が急に立ち止まり、「人の声みたいなのが聞こえないか？」と言い出した。私と井上は、長野が私たちを怯えさせようとしているのかと思い、長野の肩を小突いてこう言った。

「冗談やめろよ」

「そうだよ。本気で怖くなるだろ？」

「いや、ほ、本当だって……。ちょっと静かにしてみて」

先ほどまで平静を保っていた長野の顔が強張っているのを見て、私たちは胸騒ぎがした。言われたとおり、山の中で耳を澄ませる。風が吹いて草木が揺れる音がかすかにした。

「…テ…タス……ケテ…」

人の声のような音が聞こえた。

「鳥の鳴き声とかを、勝手に人の声みたいに感じただけだって！」

言い聞かせるように井上がそう言い、声のする方向を照らした。すると、光に照らされ、こちらを凝視している長い白髪を垂らした老婆が現れた。

「うわあああああああああぁぁぁぁ！！！！！！！！」

私たち3人は大声で叫び、反射的に走り出した。足がもつれそうになりながら、いま歩いてきた道を走って戻っていく。恐る恐る進んでいたためか、それほど山の奥までは進んでいなかったようで、少し走っただけで自転車が止めてある場所まで戻ってこられた。

そこから、急いで自転車に乗り、逃げるように冠着山をあとにした。住宅地まで戻ってきて、息を整えたあと、長野がこう言った。

「さっき見た、あの白い髪。あれは多分、枝垂(しだ)れ柳だと思う」

「枝垂れ柳？」

「そう。あれって結構、人の髪の毛みたいに見えないか？　きっと暗闇だから、見間違えたんだよ！」

強い口調で言う長野に、私たちも同調した。

「たしかに、3人揃って、ゆ、幽霊を見るなんて、うまく行きすぎか」

「そうそう。声もきっと、鳥か虫かの音だよ」

こうして私たちは、目にした老婆は植物と、聞こえた声は鳥か虫と勘違いしたのだろうと結論づけ、それぞれの家に帰った。

後日、私は偶然にも冠着山に生息する植物に詳しい人と話す機会があった。そこで枝垂れ柳の話をすると、その人はこう言った。

「冠着山に、枝垂れ柳は生えていませんよ」

私たちが見た老婆らしきものは、植物ではなかった……。

老人が“自ら”身投げして死を選ぶ山

◆都市ボーイズ・早瀬康広

姥捨山と似た事例を私もかつて取材しました。某所にある山に、変わった神様が祀られていると聞き現地に行きました。そこは下界の空気を嫌がった老いた神様が登ったとされる山でした。実際に山頂に行くと、神様の祠とは別に、亡くなった高齢者のためと思しき慰霊碑がありました。よくよく話を聞くと数百年前に、村に住む老人たちは口減らしのために自らの意思でこの山に登り、崖から身を投げていたそうです。それは「神様に命を返す」と意味づけされていました。この風習が神様の話に変化していたのです。麓の藪の中には老人の家族が祈るための祠が隠されていて、そこから老人が身を投げた崖を見通すことができました。

老人が身投げしたとされる山

おじろく・おばさ制度

長男以外の子供を〝下人〟として酷使する風習

文・真島加代

私が大学生だった頃の話。長い夏休みに暇を持て余した私は、友人たちと長野県のキャンプ場に宿泊する計画を立てた。メンバーは、当時つるんでいた田中（仮名）、真田（仮名）と私の3人。田中が中古で安く買ったカーナビなしの軽自動車で下道を行く、まさに貧乏旅だった。

他愛ない話で盛り上がりながらドライブを楽しんでいると、運転する田中の助手席でスマホをナビにしていた真田が焦りだした。

「やばい、道に迷ったかも」

「はぁ？　地図は任せろって真田が言い出したんじゃん」

「そうなんだけどさ、どこもかしこも山と田んぼだらけで、わけわかんなくなっちゃって。ナビも黙ってるし、そこに見えるトンネル、マップに表示されないいんだよ」

「ほんとだ。っていうか、スマホも圏外になってるな」

「でも、一方通行だしトンネルを通る以外に選択肢ないよな？　とりあえずトンネル抜けるからな」

トンネルの先には、これまでの景色に輪をかけた牧歌的な風景が広がっていた。麦わら帽子を被ったカカシやもんぺ姿で畑作業をする人々。まるで昔の映画のセットのようだった。いったん車を路肩に止めてもらい、私は後部座席から降りて畑でナスを収穫している男性に話しかけた。年齢は60歳前後か。畑仕事をしているからか、肌は浅黒く健康的な印象を受けた。

「すいません。ちょっと道を聞きたいんですけど……」

「……」

「あのー、ここの地名を教えてもらってもいいですか？」

「……」

男は私に一瞥（いちべつ）をくれると、何も言わず作業に戻った。無愛想というより、無感情。無視をされたのはとても不愉快だったが、それ以上に言葉が通じない不気味さがあった。

「どうだった?」

「シカトされた。すげームカつく」

「なんか失礼なこと言ったんじゃないの?(笑)」

その後も数人に話しかけたが、無視されるか「自分は馬鹿だから話しかけるな」と言いながら、そそくさと逃げていく人ばかり。誰一人としてまともに取り合ってくれず、とうとう日が暮れてしまった。

「いくらなんでもよそ者に厳しすぎない?」

「うん、ちょっとここ気味悪いから早く出たいんだけど」

「そうだな。とりあえず、さっきのトンネルに戻るわ」

そう言って田中がエンジンをかけると、一人の男性が駆け寄ってきた。小林(仮名)と名乗る中年の男性は、ポロシャツにチノパンという出で立ちで、逆に田園風景から浮いていた。ただ、その日会った誰よりも表情豊かで、内心ホッとしたのを覚えている。

「家の者にみなさんのことを聞きましてね。道を教えたいんですけど、夜は熊が出るからやめたほうがいい。もし迷惑でなければ、うちに泊まりませんか?」

「え! いいんですか!?」

「おい真田！　さすがに申し訳ないだろ」

「大丈夫ですよ。こんな山奥じゃ泊まるところもないですから。どうぞくつろいでいってください」


「これ以上詮索するな」


小林さんの家は、村のなかでもいちばん大きな屋敷だった。屋敷の中がかなり古びていたことが気になったが、奥さんも素性もわからない私たちを歓迎してくれ、とてもありがたかった。

「いまみなさんがいるのは、長野県の神原村（かみはらむら）という地域です。ご覧のとおり山深い場所なので、知らないのも無理はないと思います」

「いやあ、地図にも表示されてなくて、畑仕事をしている人に話しかけても無視されてしまって困りました」

「本当に小林さんに救われましたよー」

田中が人懐っこい笑顔で、小林さんに礼を言う。

「あはは、この村の人は警戒心が強いですからね。積極的に外の人に話しかけるのは、私くらいかもしれません」

お酒を飲みながら、村の特産品「ていざなす」を使った料理、手打ちのそばなど、私たちは、これ以上ないほどもてなしてもらった。

食事を終え、小林夫婦に勧められるまま、私は一番風呂をいただいた。古い家だとは思っていたが、浴槽はなんと五右衛門風呂。いまだにこんなものが現役で使われているのか、と衝撃を受けた。風呂釜に浮いているスノコを足で沈めながら入ると、コツを教えてもらったにもかかわらず、なかなかうまくいかず、熱くなった鉄の部分に足の指が触れてしまった。

「あつ‼」

熱さに驚いて大きな声を出すと、木枠の格子窓のすき間から覗く2つの目と目が合った。よく見ると、その目の持ち主は昼間に話しかけた農夫のものだった。ビー玉のような真っ黒な目……。

「あの……」

私が話しかけると、男はスッと闇夜に消えてしまった。

「五右衛門風呂って入るの難しいですね。少しやけどしちゃいましたよ（笑）」

「それは大変だ！　手当てしないと」

「小さなやけどなので大丈夫だと思います。ところで、外にいた男の人が薪をくべてくれてたんですかね？　窓から顔が見えたんですけど、すぐいなくなっちゃってお礼も言えませんでした」

私がそう言った瞬間、小林さんは真顔になり、「気にしないでください。彼はうちの小間使いなんです」と低い声で言った。一瞬の変化だったが、「これ以上詮索するな」と言われた気がして、背筋が冷えたことを覚えている。

2階の客間に上等な布団を用意してもらい、私たちは川の字になって寝ることに。いろいろと違和感があったとはいえ、小林夫婦の厚意に感謝しながら眠りに就いた。

最後の「おじろく」

寝静まった深夜、尿意で目が覚めてトイレに立ったときのことだった。薄気味悪い長い廊下を歩いていると、庭のほうから罵声が聞こえてくる。寝ぼけた頭で窓の外に目をやると、庭の木に縛りつけられた人影の前に、もうひとつの影が仁王立ちしていた。

（小林さんの声……？）

「せっかくお客さまが来てくれたのに、怪我をさせてしまったじゃないか！　薪をくべるのに失敗したんじゃないのか⁉」

「……」

「厄介者のお前を〝おじろく〟として置いておいてやってるだけでも感謝しろと言ってるよな？　どうして簡単な仕事もできないんだ？　何より、姿を見られたのが気に入らない。お前は自分の姿がどれだけ醜いのかわかってない！」

小林さんらしきその影は、叫びながら何度も何度も執拗に棒のようなもので男を殴っていた。その異様な光景に思わず後ずさると、古い床がきしむ大きな音が周囲に響いてしまった。

私は急いで部屋に戻り、布団を被って荒い息を殺した。すると、何かを引きずる足音が廊下から聞こえてきた。

「ギシ……ギシ……、ズズ、ズズ」

(俺は何も見てない……早く行ってくれ)

不気味な足音は、私たちの部屋を通り過ぎていった。

私は一睡もできないまま朝を迎えた。何も知らない真田と田中をむりやり起こし、引き留めようとする小林さんに「すぐに出発したい」と伝える。

「そうですか……もっと都会の話も聞きたかったのですが、残念です。この道をまっすぐ行くと、来た道とは違うトンネルがあります。そこを抜ければ国道に出るはずです」

「ありがとうございます。本当にお世話になりました」

名残惜しそうに奥さんと話している田中と真田をよそに、私は車に向かって歩き出した。一刻も早くこの場から立ち去りたかったのだ。

「昨夜はあまり眠れなかったようですね。道中お気をつけて……」

小林さんの小さな声が聞こえたような気がしたが、振り返ることはできなかった。

言われたとおりにまっすぐ行くと、昨日はなかったはずのトンネルが現れて無事国道に出た。スマホの電波も復旧し、やっと一息ついて私が昨夜の話をしようとすると、スマホをいじっていた真田が首をかしげていた。

「真田、どうした?」

「長野県神原村で検索すると、ずいぶん昔に『天龍村』っていう名前に変わってるみたいなんだよね。スマホのマップもそうなってる」

「え?　小林さん、昨日『神原村』って言ってたよな?」

「そうだよな。……なんだこれ？　神原村って入力すると、ついでに〝おじろく〟〝おばさ〟っていうワードも出てくる」

「おじろく」。それは、小林さんが男を罵声しているときに聞いた言葉だった。

ネットの情報によると、神原村（現・天龍村）には、長男以外の子供は続柄を「厄介者」にされ、家の仕事をさせる奇習があったという。長男と血がつながった兄弟だが、男は「おじろく」、女は「おばさ」と呼ばれた。家の畑仕事や、家事などの労働を行う〝下人〟として扱われ、家族以外の他人と交わることもなく一生を終える。学校にも通えず、結婚もできず、他人に会うことも許されない、ただの労働力として酷使される。

彼らは年齢を重ねるほどに感情をなくしていき、黙々と家のために働く存在となる。

さすがに現在、おじろく・おばさ制度は廃止されているが、まさに、私が小林邸で出会った男そのものだ。思うに、彼こそ村に残る最後のおじろくだったのだろう。

過疎でありながら「若者だらけ」の不思議な島

◆都市ボーイズ・早瀬康広

　不思議な集落として東京都の島嶼部、青ヶ島村（島全体が村）があります。ここは人口170人ほどの日本一人口が少ない村。そう聞くと高齢者ばかりだとイメージしてしまいますが、実は島に住んでいる人の平均年齢はとても若く、若者ばかりの村なのです。島の周りは岸壁なので上陸が難しく、波が荒い日は船が近づけません。それでも上陸する場合は船の上のコンテナに人間が乗って、それを島側の重機で掴んで行き来します。それほど出入りが困難なので、島に十分な医療施設がなく、老人ホームもありません。治療や入居が必要な老人はヘリコプターで都内に運ばれる。そのため、老人がいなくなり若者ばかりが残っているのです。

運命が決まっている予言書を持つ一族　◆都市ボーイズ・岸本 誠

おじろく、おばさ制度のように運命が決められている話があります。話を聞かせてくれた女性は広島県出身なのですが、一族に代々伝わる文書があるそうで、そこには顔立ちによってどんな人生を送るかが書かれています。例えば「色白面長、背が高くて美人な人は性格に難ありなので男性を利用して出世するが、野垂れ死ぬ」と。この家系には平安時代に藤原道長に見初められて地元に寺を建てさせた玉の輿の女性がいましたが、悲惨な死に方をしたといいます。近年でも親族のなかで同じ特徴の女性がいて、たいそうな悪女でやはり悲惨な死に方をした。また「目が細くて気の優しい男は人を導く」とあり、その特徴の親族は全員教師をしている。さらに「男か女かわからない人は神の者で姿を見せてはならない」という文言があり、それがこの話をしてくれた女性に当てはまる。彼女は紆余曲折あり、現在占い師をしています。思い込みもあるかもしれませんが、先祖代々の予言書が当たっているのです。

秘祭島

沖縄・八重山諸島に残る「見たら死ぬ」祭り

文・佐藤勇馬

沖縄県の八重山諸島には、撮影や口外が禁じられている秘祭が存在する。あらゆる情報や映像がインターネットによって共有される現代においても、その秘祭の全貌は解き明かされておらず、絶対的タブーとして謎のベールに包まれている。

その秘祭とは、八重山諸島の4カ所で行われている豊年祭。年に一度、旧暦の5月・6月に行われ、異界より「アカマタ・クロマタ」と呼ばれる神々が現世に現れるのだ。

西表島（いりおもてじま）東部の古見（こみ）（現・竹富町）が発祥の地とされており、ほかに小浜島（こはまじま）、新城島（あらぐすくじま）の一つである上地島（かみぢじま）、石垣島の宮良（みやら）地区に伝えられ、現在も脈々と秘祭の伝統が受け継がれている。島によっては過疎化が極端に進んでいるが、豊年祭の時期になると沖縄本島や本土で暮らしている島出身の人たちが帰省し、儀式を執り行っている。

最大の特徴は、徹底した「秘密主義」にある。通常、地域の祭事は観光資源として一般公開されるなど大々的な催しとなるが、この秘祭はその一部しか公開されず、祭祀期間中は部外者の島への上陸を禁じている地域もある。

誰かに見せることが目的ではない。そこには、現地に住む人々と神の邂逅があるだけ。原始的にして、本来あるべき「祭祀」の姿がここには存在する。

秘密結社的な側面も色濃く、一定の通過儀礼によって特別な資格を得た成人男子のみが祭祀に直接関与することができる。

「アカマタ・クロマタ」は草木で全身を覆った仮面神とされ、赤い仮面を被っているのが男神のアカマタ、黒い仮面を被っているのが女神のクロマタ。聖地とされる森の奥深くから、太鼓のリズムに乗って体を揺らしながら現れる。しかし、儀式を正式に記録した書物や写真、映像はいっさい存在せず、その全貌は祭祀に参加している島民以外、確かなことはほとんどわからないのが実情だ。

前述したように、この秘祭は撮影や口外が厳禁とされている。石垣島の宮良地区では「スマートホン・ビデオ・写真・携帯電話・撮影録音禁止」と荒々しく書かれた看板が立てられている場所もある。撮影だけでなく、部外者が祭祀を見学することすら認めていない地域があり、現代に残る数少ないミステリーとなっているのだ。

精神が崩壊するほどの凄惨な暴行

そうした謎めいた秘密主義の風習から、かねてより「撮ったら命の保証はない」「覗(のぞ)き見た人が暴行されて海に落とされた」といった物騒な噂が流れていた。

実際、1968年には新城島の上地島で行われた「アカマタ・クロマタ」の豊年祭で、波照間島(はてるまじま)から祭祀を見に来ていた青年が集団暴行され、そのショックで精神に異常をきたしたという事件が発生。沖縄の現地新聞によって報道されている。

当時の報道によると、一般見学者たちは現地民の指示に従って「旗頭」のあとに続いて移動するのが決まりだが、列からはぐれた場合はその場に立ち止まっていなければならない。もし単独行動した場合、地元の若者たちによって「挙動不審者」として追及され、状況によっては暴力を振るわれるおそれがあるのだという。

その青年も「ただ列からはぐれただけ」だったとみられる。たったそれだけで、精神が崩壊するほどの凄惨な暴行を加えられたのだ。もし彼が「見てはならないものを見た」というタブーを犯していたとしたら、どんな恐ろしい出来事が起きたのだろうか。

1970年代には、映画監督の北村皆雄が西表島の古見(こみ)で「アカマタ・クロマタ」の祭祀を映像に記録しようとしたところ、腰にカマを差した島の若者らに取り囲まれたと書籍で明かしている。彼らから「勝手なまねをしたらぶっ殺す」「この祭りの間は自分たちが何をしても罪にならない」と脅され、これまでにも研究者や記者が姿を消しているという噂が脳裏をよぎった北村は、撮影を断念したという。

また、元東京都知事で小説家の石原慎太郎は、1984年にこの祭祀をモデルにした小説『秘祭』を発表。1998年に映画化されているが、都会からやって来た人たちが秘祭を覗き見たことで起きる悲劇が描かれたサスペンスホラー作品となっている。

謎めいた祭祀でありながら、これだけ広く「撮影したり、覗き見たりしたら恐ろしいことが起きる」という話が流布され、実際に暴行事件が報道されていることを考えると、都市伝説とも思える「撮ったら命の保証はない」という言葉が、決してオーバーな表現ではないことがうかがえる。

「お前が来る場所ではない」

私は5年前に「アカマタ・クロマタ」の祭祀が行われている八重山諸島の島を訪れた。いつ頃の時期だったのか、どの島を訪ねたのか、どうやって行ったのか。そういったことはこの場に記すことはできない。

無論、理由は身の安全のためだ。私は「命の保証はない」という言葉に嘘偽りがないことを知っている。しかし、ただ島に「行った」ということだけは断言する。

私はある人物のおかげで、船によって島に上陸することができた。時刻は夕方、その場に船を待たせて数時間後に合流することを約束し、私は冗談半分に「もし戻らなかったら警察に連絡してくれ」と死亡フラグのようなことを相手に伝えた。

島はそれほど広くはない。無闇に動くことはせず、日が落ちてから闇に紛れてジャングルで戦う兵士のように身を潜めながら、もらった地図を頼りに移動した。

運よく「その場所」にたどり着き、私は白い法被(はっぴ)のような装束をまとって鉢巻を締めた人々が集まっている場面に遭遇した。

私は興奮してカメラを構えた。やがて、太鼓の大きな音が鳴り響き、森の奥から2メートル以上はあろうかという2体の巨大な「ナニか」が現れた。

夢中でシャッターを押した刹那、その巨大な「ナニか」と目が合った。虚無を象徴するかのような、仮面の真っ黒な瞳。それがたしかに、私を見たのだ。

「誰だ？」

その瞬間、白装束の人々が一斉にこちらを向いた。私は本能的に「殺される」と命の危機を察し、カメラを放り出して逃げた。追いかけてくる足音を感じながら「死にたくない」と必死で逃げている途中、バランスを崩して崖から転がり落ちた。

落ちた先には、あの巨大な「ナニか」が立っていた。その「ナニか」は静かに、それでいて有無を言わせぬ威厳をもった声で「お前が来る場所ではない」と私に言った。

それからどうやって逃げ帰ってきたのかは記憶がない。私はいつの間にか船にたどり着き、何も聞かずにとにかく島を離れてくれと頼んだ。

これは夢ではない。あれほど命の危機を感じたことはない。私は「見てはならぬもの」が世の中に存在することを、あの島で思い知ったのだ。

「捕まると死ぬ鬼ごっこ」の祭り ◆都市ボーイズ・早瀬康広

見たら死ぬ祭りに関連して、「捕まると死ぬ鬼ごっこ祭り」を紹介します。岡山県美咲町にある両山寺(りょうざんじ)では700年以上続く護法祭という祭りがあります。見物客は「ゴー様」と呼ばれる神に扮した人から暗闇の中で逃げ回るのですが、このゴー様の邪魔をして、捕まった人は3年以内に死んでしまうという言い伝えがあります。あるスポーツ選手が参加したところ、油断したのか捕まってしまいました。呪いを解く簡単な方法もあるのですが、彼はそれをせず、バスで帰ったそうです。すると帰路でバスが事故に遭い、そのスポーツ選手だけが亡くなってしまった、という噂もあるほどです。もし参加して捕まった人は呪いの解除も忘れずに行ってください。

アイヌの津波除けの呪い

災いをよそに押しつける狂気の儀式

文・五木 源

札幌に転勤して約半年。飯はうまいし、ちょっと足を延ばせば豊かな自然に触れられる。そして何より、女の子がかわいくて最高だ。すすきののガールズバーで知り合ったマミ（仮名）とは、店に行った初日に意気投合して一夜をともにした。それ以来ちょくちょく店に通うようになり、いつの間にか付き合うことになった。

付き合い始めてから数カ月後の休みの日、札幌から1時間半ほどの場所にあるマミの地元・むかわ町に行くことにした。

「私の地元、ししゃもが有名なんだよ。いまの時期ちょうど旬だから食べようよ」

ししゃもといえば焼き魚のイメージしかなかったが、鵡川町（むかわちょう）の店ではししゃも寿司やししゃもの天ぷらなど、ここでしか味わえないような料理を堪能できた。

その後、マミが海を見たいと言うので、東方面に車を走らせ、鵡川漁港へと向かった。

北海道は11月ともなると、夜はかなり冷える。車から降り、2人並んで穏やかな波を眺めていたが、マミが「寒い！」と言って抱きついてきた。それでスイッチが入った私は、「あれ、する?」とマミに目配せした。「あれ」とは、いわゆる露出プレイのことだ。裸のマミに上着1枚羽織らせ、ペロンと前をめくって撮影会をする。寒さは相当なものだったが、少々歪(ゆが)んだ私の性癖に付き合ってもらうことにした。

車に戻り、マミに服を脱いでもらい、常備しているトレンチコートを着せた。〝正装〟に着替えたマミを波止場の端に立たせ、海に向かってご開帳だ。と、その時、背後から「お前ら、何しとるんだ‼」と男の怒号が響いた。

振り返ると、漁師らしき体格のいい老人が立っていた。私は「すみません、つい出来心で……」と平謝りし、マミは服を着るために車に戻った。

「いちゃつくのは結構だが、鵡川でそれをやるのは洒落(しゃれ)にならんぞ」

老人はそう釘を刺すと、唐突に鵡川町に伝わる、ある〝呪(まじな)い〟について教えてくれた。怒られたばかりの私は断ることができず、老人の話を聞くことになった。

女は陰部を露出して儀式を行う

縄文時代以降から本州とは異なる独自の文化を形成してきた北海道には、「アイヌコタン」と呼ばれるアイヌの集落跡が無数に存在する。この老人によると、鵡川町もそのうちの一つで、アイヌの人々が神々にししゃもの豊漁を祈る儀式「シシャモカムイノミ」は、いまでもししゃも漁の始まる時期になると地名にもなっている鵡川という川の河口付近で行われているそうだ。

沿岸部に位置するアイヌコタンにとって、津波はもっとも恐れるべき自然災害の一つ。津波から集落を守るために〝津波除けの呪い〟と呼ばれる儀式が行われていたのだという。文字を持たないアイヌコタンの口碑伝承によると、その呪いとは、このようなものだった。老人に教えてもらった『北方文化研究報告』（犬飼哲夫）から抜粋する。

〈津浪（津波）の本體（本体）は、この地方のアイヌに従えば心を有する悪い浪で、海の大波（シニンゴロク）に頼んで津浪が押し寄せないようにする咒ひ（まじない）をなすのである。津浪が襲來するかも知れないと云う豫測（予測）は、偶然に誰かの夢枕に立つたり、何か異常な自然界の變化（変化）が起つたりして、老婆やエカシ（長老）がツス（占い）をなして豫言（予言）し、或いはツスやポニタック（呪言）を使う豫言者が、言ひ出してコタンが騒ぎ出す。この咒ひは海岸で行はれ、一軒一軒の家から各々破損して使用堪えない古道具とまだ搗いていない稗（ピヤパ＝ヒエ）を唐箕（ムイ＝ちりとり）の中に入れて砂濱に運び、砂濱の波打際（ペシュンドマリ）に海岸線に平行に高さ半米（50センチメートル）、長さ二十米（20メートル）餘りの砂の波形を畦の如くに六本作りその間に稗や道具を置く。

この準備が出來たら丘の方から男はエムシ（アイヌ刀）を持ち、女はヨモギの枯れた莖を手にしてホーイホーイと悪魔拂い（ロルンペ）の咒ひをしながら着物の裾を腰迄まくり上げて陰部迄露出して波形のところに行き、足を高く上げて砂の波を崩し、稗や小道具を蹴飛ばして海の水の中に蹴込み、シニンゴロク（大波）に、吾々は、この様にして津浪がコタンを襲い総ての物を海の中に引き去る代わりに、自分たちの方から先に物を遺すから、コタンまで來る用事はないから、出て來ない様にと頼む〉

つまりこれは、自分たちのほうから先に捧げ物を差し出すことで、津波が集落のすべてをさらってしまうことを防ぐという意味あいの儀式である。刀を持った男とヨモギの枯れ茎を持った女が「ホーイホーイ」と唱えながら砂の波形や不要な小道具などを蹴飛ばして海の中に蹴り入れる。しかも女は陰部を露出して行うというのだから、はたから見れば狂気の沙汰だろう（私も同類かもしれないが……）。

「なんだか楽しそうですね」

私が不謹慎な感想と漏らすと、老人は「あんたらの趣味とは違う！」と叱責したあと、表情を曇らせた。

「助かる集落もあれば、犠牲になる集落もあるということだ」

老人によれば、1993年7月12日に発生した「北海道南西沖地震」にも、この〝津波除けの呪い〟が関係しているという。

老人の恐ろしい告白

北海道奥尻島北方沖の日本海海底で発生した北海道南西沖地震は、マグニチュード7・8、推定震度6で、日本海側で発生した地震としては近代以降最大規模のものだ。震源から近い奥尻島では、地震直後に崖崩れが発生し28名が死亡。津波による死者・行方不明者は、奥尻島で198名にのぼり、北海道本島西部でも死者が出た。

この大災害について、老人は恐ろしい噂を告白した。

「地震を予期した鵡川町の一部の人々によって〝津波除けの呪い〟の儀式が行われて、そのせいで渡島半島をはさんで反対側に位置する奥尻島が津波の災いを被ったのではないかといわれている。俺は当時、別の土地に住んでいたから本当のところはわからないが……毎年震災の起きた日は奥尻島の方角に向かって黙祷を捧げているよ」

老人の告白を聞いて、私は何も言えなくなってしまった。その時、着替えを終えたマミが車から出てきた。時刻を確認すると、すでに22時を回っていた。挨拶をして帰ろうとすると、老人が「あれ、よく見たら杉本さん（仮名）とこの孫じゃないか？」と言った。マミの名字を言い当てられ、思わずドキッとした。すると老人は、声を潜めてこう続けた。

「実はな、杉本の息子も〝津波除けの呪い〟に参加してたって噂なんだよ。たぶんこの子が生まれる前のことだと思うんだけどよ」

老人に挨拶し、車に戻った。「何を話してたの？」とマミに聞かれたが詳細を話せるはずもなく、「神聖な漁港で変態行為はやめろって説教されてた」と、笑って誤魔化し、札幌に向けて出発した。道中、無言の時間が流れる。

「なぁ、マミって何歳だっけ?」

「26歳だよ。1993年生まれ。来月誕生日なんだから忘れないでよね」

ということは、震災のあった当時、マミは母親のお腹の中にいたことになる。身重の妻と生まれてくる子供のために、マミの父親が呪いに参加していた……。

そんな想像をすると、なんともやるせない気持ちが込み上げてくる。

「ねぇ、またししゃも食べに来ようよ」

「そうだな」

今年は何回食べに来られるだろうか。来年も札幌にいられるだろうか。そんなことを考えながら、マミの横顔を見つめていた。

人糞を玄関先に置く伊豆七島の「海難法師」祓い

◆都市ボーイズ・早瀬康広

海にまつわる恐ろしい伝承で有名なのは伊豆七島に伝わる海難法師。江戸時代、悪代官の豊島忠松によって島民は非常に苦しめられていました。彼を殺すために島民は海が荒れる日を選び、豊島に島巡りを勧めました。まんまと罠にハマった豊島は波に呑まれて死んでしまいます。それ以来、亡くなった1月24日に島民を怨む豊島が海難法師となって島を巡ると伝わっています。そのため24日には、島民は夕方以降外出をせず、玄関先には海難法師が近づかないように魚の死骸や人糞などを置いておくそうです。実際に、伝承を馬鹿にした人が亡くなったり、おかしくなったりする事例もあり、24日は島のお坊さんが海に向かって説法を説き、海難法師を鎮めているそうです。

監修者プロフィール

都市ボーイズ としし・ぼーいず

陰謀論や裏社会に詳しい岸本誠(左)と「稲川淳二の怪談グランプリ」で2017年、2019年に優勝するなど心霊に明るい早瀬康広(右)による放送作家ユニット。都市伝説や日常に忍び寄るオカルト、噂話を独自の目線で伝えるポッドキャスト番組『都市伝説 オカンとボクと、時々、イルミナティ』はApple社が選ぶ「2015年ベストオブポッドキャスト新人賞」にノミネート。YouTubeチャンネル「都市ボーイズ」の登録者数は25万人超(2022年10月現在)。

岸本誠

1984年9月28日生まれ。東京都新宿区歌舞伎町出身。最も影響を受けた都市伝説は「ベッドの下の男」。

早瀬康広

1988年3月14日生まれ。岡山県津山市出身。最も影響を受けた都市伝説は「ツタンカーメンの呪い」。

[カバー・表紙デザイン] HOLON
[本文DTP] 一條麻耶子
[編集] 片山恵悟

【カバー写真】iStock
※カバー写真はイメージです。本作品の内容とは関係ありません。

本書は2021年6月に小社より刊行した
『怖い村の話』を改訂し、文庫化したものです。

怖い村の話（こわいむらのはなし）

2022年11月19日　第1刷発行

監　修　都市ボーイズ
発行人　蓮見清一
発行所　株式会社 宝島社
〒102-8388　東京都千代田区一番町25番地
電話：営業 03(3234)4621 ／編集 03(3239)0646
https://tkj.jp
印刷・製本　株式会社広済堂ネクスト

Printed in Japan
First published 2021 by Takarajimasha Inc.
ISBN 978-4-299-03665-0